Udo Grashoff

»Raumschiff Erde«

Geschichte des Umweltbewusstseins in Deutschland im 19. und 20. Jahrhundert

Titelbild: Eugenia Susel, www.eugeniasusel.com

Udo Grashoff ist Historiker und Schriftsteller. Er hat Biochemie, Germanistik, Geschichte und Literaturwissenschaft studiert. 2006 promovierte er zum Thema Selbsttötungen in der DDR. Von 2014 bis 2020 war er als DAAD-Hochschuldozent am University College London tätig. 2019 wurde er an der Universität Leipzig habilitiert. Er hat zahlreiche wissenschaftliche Publikationen vor allem zur Geschichte der DDR veröffentlicht, so zum Volksaufstand am 17. Juni 1953, zur Biermann-Ausbürgerung sowie zur Friedlichen Revolution 1989. Sein besonderes Interesse gilt Tabuthemen wie Selbsttötung oder illegales Wohnen. In seinem neuesten Buch untersucht er Verrat im kommunistischen Widerstand gegen das NS-Regime (1933–1945). Er lebt und arbeitet in Leipzig.

Landeszentrale für politische Bildung Thüringen
Regierungsstraße 73, 99084 Erfurt
www.lztthueringen.de
2022

ISBN: 978-3-948643-61-4

Inhalt

Einführung

Am Heiligabend 1968 umkreist das US-amerikanische Raumschiff Apollo 8 den Mond, um dessen Rückseite zu fotografieren. Kurz bevor Apollo 8 wieder hinter dem Mond hervorkommt und Funkkontakt zur Erde aufnimmt, lässt der Kommandant das Raumschiff um seine Längsachse rotieren, und dabei taucht der blaue Planet plötzlich im Seitenfenster auf. »Mann ist das schön«, ruft Astronaut William Anders sinngemäß aus. Dann greift er zur Kamera.[1]

Wikipedia, NASA/Bill Anders

Das berühmte Earthrise-Foto des Astronauten William Anders aus dem Jahr 1968.

Der Schnappschuss der Erde wird zur Ikone. Das Bild des blauen Planeten, mit seiner dünnen Atmosphäre, wird als Mahnung verstanden, »dass der moderne Mensch mit seinen ungeheuren Möglichkeiten zum Manipulieren der Natur und mit der rapide anwachsenden Weltbevölkerung eines Tages seinen Heimatplaneten in tödliche Gefahr bringt, wenn er nicht größere Sorgfalt walten lässt«.[2] Das Motiv wird zu einem Symbol der Umweltbewegung. Fortan ist häufig vom »Raumschiff Erde« die Rede – die Ende der 1960er-Jahre von den Wirtschaftswissenschaftlern Barbara Ward und Kenneth Boulding geprägte Metapher weist auf die Begrenztheit und Verwundbarkeit des blauen Planeten und die Notwendigkeit nachhaltiger Entwicklung hin, und sie macht klar, dass der Mensch Verantwortung für die Zukunft der Erde trägt.

Diese Erkenntnis erreicht um das Jahr 1970 immer mehr Menschen weltweit. Zu dieser Zeit findet in der westlichen Welt eine ökologische Bewusstseinserweiterung statt. Der britische Ornithologe und Umweltschützer Max Nicholson schrieb damals: »Der Stolz, den Mond erreicht zu haben, ist zerronnen gegenüber der demütigenden Einsicht, es so weit gebracht zu haben, dass wir unseren eigenen heimatlichen Planeten in einen Slum verwandelten.« Zugleich sah Nicholson, der 1961 zu den Mitbegründern des World Wildlife Fund (WWF) gehört hatte, aber auch Grund zur Hoffnung: »Ganz plötzlich ist der Kampf einer kleinen Minderheit für den Naturschutz von einer breiten Welle des erwachten Bewusstseins breiter Massen aufgenommen worden.«[3]

Massenproteste, aufrüttelnde Publikationen, neue Umweltgesetzgebung und internationale Gipfeltreffen im Zeitraum von 1969 bis 1973 legen nahe, hier die Geburtsstunde des modernen Umweltbewusstseins sowie der systematischen Umweltpolitik anzusetzen.[4] Nun beginnt ein Jahrzehnte währender und immer noch andauernder Prozess, der einen verantwortlichen Umgang der Menschheit mit der natürlichen Umwelt anstrebt. »Natur«, das wird nun endgültig klar, liegt in den Händen der Menschheit. Sie hat gewaltige Prozesse in Gang

Alamy FG2FX8, Richard Busch / Granger Historical Picture Archive

Tausende versammeln sich in der für den Autoverkehr gesperrten Madison Avenue in New York City am 22. April 1970, um den ersten Earth Day zu feiern.

gesetzt, mit denen sie die Umwelt fundamental umgestalten, aber auch komplett vernichten kann.

Ein Ereignis, das den Beginn eines neuen Umweltbewusstseins markiert, ist der erste »Earth Day« am 22. April 1970. Insgesamt gehen an diesem Tag 20 Millionen US-Amerikaner zu öffentlichen Vorträgen und Demonstrationen.[5] Mit einem Schlag scheint die Sorge um die Umwelt im Mainstream angekommen zu sein. Zudem zeigt sich hier eine starke Allianz von Wissenschaft und Umweltschutz. Der »Earth Day« unterscheidet sich von den Anti-Vietnamkriegs-Protesten und ist auch kein Teil der Hippie-Bewegung: Das Ereignis wird initiiert von einem ex-Gouverneur von Wisconsin, unterstützt von Akademikern und Politikern ebenso wie von Gewerkschaften. Schrittmacher der frühen US-amerikanischen Umweltbewegung ist eine selbstbewusste, wohlinformierte Elite. Der

Tag ist ein weltweit wahrgenommenes Medienereignis. Es signalisiert, dass in den USA im Verlauf der 1960er-Jahre eine ökologische Revolution in Gang gekommen ist.

Natürlich geschah das nicht über Nacht. Die sich hier abzeichnende Herausbildung eines modernen Umweltbewusstseins hat eine längere Vorgeschichte, die bis zu den Anfängen der Industrialisierung zurückreicht.

Volksinitiativen und Nachhaltigkeit

Viele Phänomene, die wir als typisch für die Gegenwart ansehen, lassen sich schon in früheren Jahrhunderten entdecken. Manche Schlagworte, die heutige Debatten prägen, sind keineswegs neu. Das Wort »Naturschutz« etwa wurde 1871 von dem Naturforscher Philipp Leopold Martin geprägt.[6] Den Begriff des »sauren Regens« benutzte erstmals Mitte des 19. Jahrhunderts der britische Umwelt-Inspektor Angus Smith.[7] Der Begriff »Nachhaltigkeit« ist sogar noch älter, er wurde von dem Forstwissenschaftler Hans Carl von Carlowitz bereits im Jahr 1713 verwendet.[8] Und nicht nur die Sprache, auch die umweltbewusste Praxis hat historische Wurzeln, die weit zurückreichen. Wie der Historiker Franz-Josef Brüggemeier gezeigt hat, gab es zum Beispiel Konflikte um Luftverschmutzung bereits seit Beginn des 19. Jahrhunderts. So kam es im Jahr 1802 zu Protesten gegen den Bau einer Glashütte in unmittelbarer Nähe der Stadt Bamberg.[9] Hier formierten einige betroffene Anwohner eine Art Bürgerinitiative, die Anwälte und Gerichte einschaltete, an die Öffentlichkeit appellierte und nicht nur auf die Gefahr der Rauchgase für die Gesundheit der Menschen, sondern auf die Schäden für die Natur hinwies. Laut Brüggemeier handelte es sich bei den Auseinandersetzungen um »den ersten modernen Umweltkonflikt in Deutschland«.[10]

Auch im 1871 gegründeten deutschen Kaiserreich gab es, wie die Historikerin Ulrike Gilhaus gezeigt hat, »Volksinitiativen«, die den späteren Umwelt-Bürgerinitiativen in der Bundesrepublik ähnelten. Die Protestierenden holten sich sachverständigen Rat ein und nutzten sowohl juristische Mittel als auch die Presse als Druckmittel, um ihren Petitionen Nachdruck zu verleihen.

Und, man mag es kaum glauben, auch die Praxis der Mülltrennung gab es bereits im Kaiserreich. Um 1907 wurden in Berlin-Charlottenburg Asche, Gerümpel und Küchenabfälle getrennt gesammelt (was in etwa den Müllsorten Restmüll, Recycling und Biomüll entsprach).[11] Die Mülltrennung war aber nur ein Pilotprojekt, das wieder eingestellt wurde. Die Idee des dualen Systems war damals chancenlos.

Man sollte daher die historische Bedeutung solcher Pioniertaten nicht überschätzen. Der Begriff der Nachhaltigkeit hatte eine enge, betriebswirtschaftliche Bedeutung; erst um 1970 bekam der Terminus seinen heutigen, weitreichenden Begriffsinhalt. Das hatte auch damit zu tun, dass die nachhaltige Nutzung der natürlichen Ressourcen um 1800, also vor Beginn der industriellen Revolution, noch die Regel war. Auch der »saure Regen« war zunächst nur ein wissenschaftlicher Fachbegriff; zu einem zentralen Problem wurde er erst während der Debatte um das Waldsterben in den 1980er-Jahren. Im 19. Jahrhundert erreichte die Umweltverschmutzung noch nicht so dramatische Ausmaße wie im 20. Jahrhundert, auch deshalb blieben Konflikte um Naturzerstörung lokal begrenzt.

Das gilt auch für den erwähnten Streit in der Stadt Bamberg im Jahr 1802. Ängste vor einer generellen Gefährdung der Umwelt spielten keine Rolle. Die Vorstellung, dass die natürliche Ökosphäre *an sich* ein zu schützendes Gut ist, sucht man in den während der Auseinandersetzungen verfassten Texten vergebens. Umweltschäden wurden als Wertminderung der Besitzungen, als ästhetische Verödung der Landschaft oder als Gesundheitsgefahr für den Menschen aufgefasst.[12]

Auch bei ähnlichen Konflikten in der zweiten Hälfte des 19. Jahrhunderts war die Motivation derjenigen, die sich Umweltproblemen zuwandten, nicht ökologisch im Sinne eines Engagements für die Umwelt an sich. Wie Ulrike Gilhaus in ihrer Studie zu Umweltprotesten in Westfalen gezeigt hat, fühlten sich Landwirte durch Umweltverschmutzung in ihrer Existenz bedroht und forderten deshalb Schadensersatz. Adlige Grundbesitzer wiederum gingen gegen industrielle Bauprojekte vor, weil nicht nur ökonomische Einbußen, sondern auch der Verlust von Privilegien (wie die Rechte zur Nutzung von Privatflüssen) und sozialem Status drohten.

Debatten entzündeten sich im 19. Jahrhundert nicht, wie der Technikhistoriker Stefan Böschen betont, an »Umweltrisiken im engeren Sinne, wie wir es heute verstehen würden«, sondern an Konflikten, »die sich aus gegensätzlichen Nutzungsinteressen speisten«.[13] Eine wichtige Rolle spielte zudem die sinnliche Wahrnehmung, der Gestank, der Rauch und der Lärm. Abgestorbene Bäume oder massenhaft angeschwemmte Fischkadaver wurden als Zeichen einer generellen Gesundheitsgefährdung durch die Industrie gedeutet.[14] Bisweilen bewirkten die Proteste Maßnahmen gegen die Verschmutzung, wie die Erhöhung von Schornsteinen oder die Verdünnung der Industrieabwässer. Außerdem wurden in der zweiten Hälfte des 19. Jahrhunderts Hygienemaßnahmen in den Städten verstärkt umgesetzt, was spürbare Verbesserungen brachte. Trotzdem wurden die Entsorgungsprobleme nicht nachhaltig gelöst, sondern lediglich verschoben.

Süddeutsche Zeitung Photo 02265927, Manfred Kube

Hüttenwerk zur Verhüttung von Eisenerz bei Saarbrücken. Zeichnung von 1876.

»Ortsübliche Belastungen«

Die atemberaubende Entwicklung der chemischen Industrie in der zweiten Hälfte des 19. Jahrhunderts weckte Hoffnungen, dass der Mensch der Natur die letzten Geheimnisse entreißen und sie sich unterwerfen könne. Anzeichen der Störung natürlicher Gleichgewichte wurden kaum beachtet. Die rasant wachsende Zahl neuer synthetischer Stoffe wurde als Gradmesser des Fortschritts aufgefasst. Dabei auftretende Belastungen von Umwelt und menschlicher Gesundheit wurden als notwendiger Preis für den technischen Fortschritt dargestellt und weitgehend auch akzeptiert.

Auseinandersetzungen zwischen der deutschen Teerfarbenindustrie und Anwohnern bzw. Flussfischern wegen der Einleitung stinkender und vermutlich toxischer Industrieabwässer in Flüsse gingen oft zugunsten der chemischen Industrie aus. Das war zum Teil eine Folge mangelnden Wissens, da die Beamten einen Nachweis der Schädlichkeit von Umweltgiften forderten, der im 19. Jahrhundert kaum zu erbringen war. Mit den zur Verfügung stehenden Testmethoden war es selbst bei Giften wie Arsen nicht möglich, Schäden zweifelsfrei nachzuweisen. Zudem spielte auch die Vorstellung einer, in Debatten über Wasser- und Luftverschmutzung oft beschworenen, angeblich unbegrenzten »Selbstreinigungskraft« der Natur eine wichtige Rolle. Erst Anfang des 20. Jahrhunderts setzte sich die Erkenntnis durch, dass die Natur sich nicht auf wundersame Weise von selbst reinigte, sondern dass es, wie insbesondere der Wasserbiologie Robert Lauterborn nachwies, letztlich Mikroorganismen waren, die Schadstoffe abbauen konnten, wenn deren Konzentration eine gewisse Toxizitätsschwelle nicht überschritt.[15]

Wenn staatliche Stellen im deutschen Kaiserreich über die Zumutbarkeit von Umweltbelastungen befinden mussten,

Wikipedia, National Museum of Science and Industry London, Philipp Jakob Loutherbourg d. J., 1801, Öl auf Leinwand, 68 cm x 106,5 cm

Coalbrookdale by Night. Ölgemälde von Philipp Jakob Loutherbourg d. J. (1740 – 1812) aus dem Jahr 1801. Coalbrookdale gilt als eine der Geburtsstätten der industriellen Revolution, da hier der erste mit Koks gefeuerte Hochofen betrieben wurde.

verwendeten sie als Kriterium den Begriff der »ortsüblichen Belastung«. Bei dessen Handhabung wurden zwischen Land-, Forstwirtschaft und Fischerei auf der einen und industrieller Produktion auf der anderen Seite erhebliche Unterschiede gemacht. Auch die soziale Stellung der Betroffenen spielte eine Rolle. In Industrierevieren wurden Entschädigungsklagen und Einsprüche gegen die Errichtung neuer Industrieanlagen stets abgewiesen. Lediglich in der Nähe von Wohngebieten der wohlhabenderen Bevölkerung, in Villenvororten und Kurorten wurden Industrieansiedlungen bisweilen unter Bezug auf das Kriterium der »ortsüblichen Belastung« verhindert. Bauern, die in industrialisierten Gebieten lebten, hatten indes schlechte Karten. Ebenso erging es den Flussfischern. In einer Denkschrift des »Vereins zur Wahrung der Interessen der chemischen Industrie Deutschlands« schrieb der Chemiker Konrad Wilhelm Jurisch im Jahr 1890:

> *»Es hat sich herausgestellt, dass für ganz Deutschland der wirtschaftliche Werth der Industrien, welche Abwässer liefern, ca. 1000 mal größer ist, als der Werth der Binnenfischerei in Seen und Flüssen [...]. Haben sich an einem kleinen Flusse, wie z. B. Wupper, Emscher, Bode und anderen, so viele Fabriken angesiedelt, dass die Fischzucht in denselben gestört wird, so muss man dieselbe preisgeben. Die Flüsse dienen dann als die wohlthätigen, natürlichen Ableiter der Industriewässer nach dem Meere.«*[16]

Dieses Zitat ist umso bemerkenswerter, als Jurisch keineswegs blind für Umweltprobleme war, und heute wegen seiner Bemühungen um die Reinhaltung der Luft als ein Pionier der Umweltchemie gilt. Dass selbst er die Flussverschmutzung für normal hielt, gibt tiefe Einblicke in den Zeitgeist.

Ein weiterer Versuch, Umweltzerstörung sprachlich zu normalisieren, war der von dem Biologen Curt Weigelt geprägte Begriff »Opferstrecke«. »Geopferte Abschnitte sind Abschnitte an einem Fluss, an denen Umweltverschmutzung erlaubt werden sollte, weil die Industrie sonst keine Möglichkeit hätte, ihre Abwässer loszuwerden ohne Jobs und Profite in Gefahr zu bringen und weil lokale Bedingungen eine Reinigung des Wassers in Klärwerken nicht ermöglichen«, schrieb Weigelt, der als Gutachter für die Chemische Industrie wirkte.[17] Kilometerlange permanent vergiftete Flussabschnitte, die stromabwärts aufgrund der zunehmenden Verdünnung wieder in »Schonstrecken« mit normalem Pflanzen- und Tierleben übergingen, wurden so zur Normalität.

In Deutschland leitete erst das Preußische Wassergesetz, das, nach zwanzig Jahren Diskussion und zahlreichen Anfeindungen durch die Chemische Industrie, im Jahr 1913 in Kraft trat, eine Trendwende ein. Erste Kläranlagen wurden gebaut. Dennoch verschlimmerte sich die Situation im

20. Jahrhundert noch weiter. In den 1960er-Jahren, als die Internationale Kommission zum Schutz des Rheins die ersten Maßnahmen zur Sanierung des Flusses unternahm, war die Wasserqualität zwischen Basel und Rotterdam so schlecht, dass manche den ganzen Rhein als »geopferten Abschnitt« ansahen.[18]

Einzelkämpfer

Dabei gab es im 19. Jahrhundert schon wissenschaftliche Studien, die den prägenden Einfluss des Menschen auf die natürliche Umwelt nachwiesen. So wurde der Zusammenhang zwischen Rodung von Bäumen in den Alpen und Hochwasserkatastrophen erkannt, ebenso wie die negativen Folgen der Trockenlegung von Sümpfen und die durch menschliche Einwirkung verursachte Bodenerosion. Aber all diese Studien fanden in der zeitgenössischen Wissenschaft kaum Resonanz. Das lag, so der Geograf Clarence J. Glacken, daran, dass in der menschlichen Herrschaft über die Natur ein Prozess gesehen wurde, der durch wachsende Kenntnis der Naturgesetze immer besser kontrolliert und zweckmäßig gesteuert werden könne.[19] So sah etwa der Chemiker Justus Liebig durchaus, dass der Mensch durch Ackerbau das natürliche Gleichgewicht störte, glaubte aber, dass dieses durch Düngung problemlos wiederherstellbar sei. Die Idee, dass der Mensch in Verfolgung seiner ökonomischen und gesellschaftlichen Ziele »zufällige, unerwünschte, unintendierte und unvorhergesehene Veränderungen... herbeiführte«, spielte in der Wissenschaft des 19. Jahrhunderts keine Rolle.[20]

Zwar war die Jahrhundertwende eine Blütezeit von Organisationen und Initiativen, die wir heute als Umweltbewegung bezeichnen würden. So gab es um 1900 zahlreiche Aktivitäten von Vogelschützern, Alpenvereinen und anderen. Aber anders als heute suchten Umweltschützer selten den Schulterschluss mit der Wissenschaft. Teilweise lag das daran, dass die Wissenschaft noch nicht das bieten konnte, was sie heute an die Umweltbewegung anschlussfähig macht, wie hochempfindliche chemische Analysemethoden, Langzeitbeobachtungen oder systemisches Denken.

Auch fehlte ein breites, medial vermitteltes Umweltbewusstsein sowie eine effektive Protestkultur. Die Umweltbewegungen des Kaiserreichs blieben, so der Historiker Frank Uekötter, »Einzelbewegungen«, sie hatten keine »gemeinsame Identität«.[21] Naturschützer, die sich auf kleine isolierte Gebiete konzentrierten, und Biologen, die einwandten, dass Naturschutz nur großflächig erfolgreich sein kann, zogen kaum an einem Strang.[22] Es gab eine bürgerliche Waldschutzbewegung, der es aber vor allem um eine Verschönerung ging. Parallel wurden an der Forstakademie Tharandt in der Nähe von Dresden Analysen zu Rauchschäden an Nadelbäumen durchgeführt. Beide Bestrebungen liefen »nebeneinander her«.[23] Heimatschützer engagierten sich für Singvögel oder Alpenpflanzen, aber Wasser- und Luftverschmutzung war für sie kein Thema.[24] Die heute nahezu selbstverständliche Allianz von Naturschützern und urban-industriellem Umweltschutz gab es um 1900 noch nicht. Es fehlte die gemeinsame inhaltliche Klammer, der Begriff »Umwelt«.

Nichtsdestotrotz wurden in der Wissenschaft schon erste Weichen für die Entwicklung ökologischen Denkens gestellt. Der Begriff Ökologie, 1866 durch Ernst Haeckel geprägt, wurde um 1914 durch den schottischen Naturkundler Arthur Thomson, der vom »Netzwerk des Lebens« sprach, in der englischsprachigen Welt popularisiert.[25] 1916 prägte der Zoologe August Thienemann die Konzepte »Lebensraum« und »Lebensgemeinschaft«.[26] Etwa zeitgleich wurden erste größere Forschungsarbeiten zu pflanzlichen Lebensgemeinschaften, zu Seen und Meeren, durchgeführt. Damit wurden Grundlagen für die Ökologie als wissenschaftliche Disziplin gelegt.

Auch gab es bereits Warnungen davor, dass Naturzerstörung die Existenz der Menschheit bedrohen könne. Eine prominente Rolle spielte hierbei der Bund Heimatschutz, der Umweltprobleme als Teil eines kulturellen Niedergangs verstand.

Heimatschutz

Der Pionier des organisierten Heimatschutzes im Kaiserreich war der Musikprofessor und Komponist Ernst Rudorff. Er setzte sich bereits ab 1880 für die »Schonung landschaftlicher Eigentümlichkeit« und den Erhalt der »Natur in ihrer Ursprünglichkeit« ein. Rudorff prangerte Lärm und Qualm und die Rationalisierung von Land- und Forstwirtschaft ebenso an wie die Verschandelung der Landschaft. Er kritisierte, dass einerseits ein touristischer Kult der wilden Landschaft und der Naturschönheit betrieben, andererseits aber die Natur gnadenlos ausgebeutet wurde.[27]

Natürliche Landschaft empfand Rudorff als Harmonie und Ordnung zugleich, und zudem als Ausdruck der Volksseele:

> *»Was unsere Urväter in Wodans heilige Eichenhaine bannte, was in den Sagen des Mittelalters, in den Gestalten der Melusine, des Dornröschens lebt, was in den Liedern Walthers von der Vogelweide anklingt, um dann in neuer ungeahnter Fülle in Goethes oder Eichendorffs Lyrik, endlich in der eigenartigen Offenbarung des deutschen Genius, in unserer herrlichen Musik wieder hervorzubrechen: immer ist es derselbe Grundton, derselbe tiefe Zug der Seele zu den wundervollen und unergründlichen Geheimnissen der Natur, der aus diesen Äußerungen des Volksgemüths spricht.«*[28]

Wichtig und zukunftsweisend waren solche romantisch-völkischen Verklärungen der Vergangenheit vor allem deshalb, weil hier Natur umgedeutet wurde – von einem Widersacher des Menschen zu einem wertvollen, zu schützenden Gut.

Ernst Rudorff beließ es nicht bei Worten, er handelte auch. Der Komponist verbrachte oft den Sommer auf der Knabenburg

Wikipedia, Museum für Geschichte des Naturschutzes Deutschlands

Postkarte mit Blick auf die von Ernst Rudorff gerettete Eichen-Allee um 1900 am Fuß des Krähenberges in Lauenstein am Ith.

im Weserbergland, die er von seinem Vater geerbt hatte. 1886 sollte dort eine Eichenallee einer Flurbereinigung zum Opfer fallen. Rudorff kaufte die Allee kurzerhand dem Lauensteiner Magistrat ab. Dieser Kauf stellt eine der frühesten zivilgesellschaftlichen Naturschutzaktionen dar.

Als im Jahr 1904 der Bund für Heimatschutz gegründet wurde, war Rudorff maßgeblich daran beteiligt. Die auf der Brühlschen Terrasse in Dresden erfolgte Gründung war der Versuch, den bereits zahlreich bestehenden lokalen Heimatvereinen eine Plattform zu bieten.

Der Deutsche Bund Heimatschutz war ein erlesenes Grüppchen, dessen Mitgliederzahl im dreistelligen Bereich stagnierte. »Seine Gründerväter Ernst Rudorff, Heinrich Sohnrey, Ferdinand Avenarius, Eugen Diedrichs u. a. waren«, so der Historiker Willi Oberkrome, »keine weltfremden Esoteriker, deren Herzen beim Anblick alter Bürgerstädte und ›urtümlicher‹ Landschaften unreflektiert höher schlugen.« Es ging dem Bund nicht um eine Rückkehr in die Vergangenheit, den meisten Heimatschützern war klar, dass die von dem Volkskundler Wilhelm Heinrich Riehl beschworene »Wildnis« um 1900 längst ein Anachronismus war.[29] Der erste Vorsitzende des Bundes, der Maler und Architekt Paul Schultze-Naumburg, der den stärker fortschrittsbejahenden Teil des Bundes repräsentierte, gab sich überzeugt:

> *»Wirklich fruchtbar und für die Zukunft sorgend kann natürlich nur derjenige die Ideen des Heimatschutzes entwickeln, der begriffen hat, daß das Leben überhaupt eine ständige Umbildung und Ausbildung bedeutet, und daß es nicht darauf ankommt, die Dinge museal zu konservieren, sondern eine jede Schönheit jeden Tag neu zu begreifen und neu zu erleben.«*[30]

Während der Heimatschutzbund den Schwerpunkt auf den Schutz der Landschaft legte, hatten sich zuvor bereits Vogelschützer organisiert. 1875 wurde in Halle der »Deutsche Verein zum Schutze der Vogelwelt« gegründet. Massenwirkung erreichte der 1899 in Stuttgart gegründete Bund für Vogelschutz. Seine erste Vorsitzende Lina Hähnle, Gattin des Industriellen und liberalen Reichstagsabgeordneten Hans Hähnle, war eine erfolgreiche Netzwerkerin. Bis 1914 wuchs der Verein auf 41.000 Mitglieder an. Die vogelschützerischen Aktivitäten waren Symptom eines grundlegenden kulturellen Wandlungsprozesses. In vielen Kulturen, man denke nur an die Leipziger Lerchen, waren Singvögel Bestandteil des Speiseplans. Jetzt wurden sie zu schützenswerten Kreaturen umgedeutet.[31] Ähnliches vollzog sich auch hinsichtlich der Wertschätzung seltener Pflanzen. So entstand 1900 der »Verein zum Schutze und der Pflege der Alpenpflanzen«.

Es ging den Natur- und Heimatschützern generell nicht um Ökosysteme, sondern um die »Rettung von Naturphänomenen für das kulturelle Gedächtnis«.[32] Damalige Heimat- und Naturschützer hegten ein anderes Umweltverständnis als heute – sie wollten das Landschaftsbild schützen, nicht unbedingt jedes in der Landschaft beheimatete Tier. Paul Schultze-Naumburg sah

Wikipedia, Verlag von Römmler und Jonas, K.-S. Hof-Photogr., Dresden

Brühlsche Terrasse in Dresden – Gründungsort des Bundes für Heimatschutz im Jahr 1904. Das Foto zeigt den westlichen Aufgang mit dem Fürstenbergschen Haus um 1887.

beispielsweise kein Problem darin, die Ausrottung des Fischotters zu fordern. Und die Vogelschützer um Lina Hähnle unterschieden zunächst noch zwischen nützlichen und nutzlosen Vögeln; erst später traten sie für den Schutz aller Vögel ein.

Die Heimatschützer verengten das Mensch-Natur-Verhältnis weitgehend auf die Natur-Wahrnehmung. Vor diesem Hintergrund wird verständlich, wieso sie nicht müde wurden, die »Entwürdigung der deutschen Landschaft durch Telefonleitungen, Stromkabel und Eisenbahntrassen sowie die zunehmende Verstraßung, Verschilderung und Verlärmung« anzuprangern. Schultze-Naumburg sah hierin den Ausdruck einer »kapitalistisch durchseuchten« Industriegesellschaft, wie er in seiner 1905 publizierten, in Tausender-Auflage verbreiteten Flugschrift »Die Entstellung unseres Landes« ausführte.[33]

Zugleich wurde hier, wie der Historiker Friedemann Schmoll hervorgehoben hat, jenseits individuellen Geschmacksempfindens die wichtige Frage verhandelt, »wer denn

Wikimedia, Staatliche Kunsthalle Karlsruhe, Gustav Schönleber (1851 – 1917), Öl auf Leinwand, 132 cm × 191 cm

1904 startete der Heimatschutzbund eine massive Medienkampagne gegen die drohende Zerstörung der Laufenburger Stromschnellen am Hochrhein. Trotz zahlreicher Unterstützer des Protests begann 1908 der Bau des Laufenburger Wasserkraftwerkes. Dafür wurden insgesamt über 300 000 Kubikmeter Gestein aus dem Rheinbett gesprengt. Das einzige konkrete Ergebnis des Protests war, dass vor der Zerstörung ein Gemälde angefertigt wurde, finanziert vom Investor des Kraftwerks. Das von Gustav Schönleber angefertigte Bild hängt seit 1908 in der Badischen Kunsthalle.

eigentlich die Verfügungsgewalt über das ästhetische Erscheinungsbild der Landschaft haben sollte«.[34] Sollten sich ökonomische Interessen unbegrenzt verwirklichen können, oder sollte der Staat regulierend eingreifen? Die Diskussion dieser Frage führte immerhin dazu, dass in Preußen Gesetze verabschiedet wurden, so 1907 das »Gesetz gegen die Verunstaltung von Ortschaften und landschaftlich hervorragenden Gegenden«. Was genau »landschaftlich hervorragende Gegenden« waren, blieb jedoch Interpretationssache.

Die Heimatschutzbewegung wird bisweilen als präfaschistische Bewegung angesehen. »Nicht nur setzte sich die Heimatschutzbewegung«, so der Historiker Adam Paulsen, »zum großen Teil aus Leuten zusammen, die dem Dunstkreis der Völkischen entstammten und später unter den niedrigen Parteinummern der NSDAP zu finden waren, sondern viele der ursprünglich liberalgesinnten Naturfreunde zeigten sich auch überraschend schnell bereit, sich« der NS-Bewegung anzuschließen.[35] Das Beispiel von Paul Schultze-Naumburg, der bereits 1930 NSDAP-Mitglied wurde, scheint diese Deutung zu stützen. Zugleich aber lässt sich das Wirken von Schultze-Naumburg und anderer Heimatschützer nicht auf völkisches Denken reduzieren, denn zugleich stellten sie der ungehemmten Entwicklung des Industriekapitalismus ein grünes Korrektiv entgegen, und forderten eine »andere Moderne«. Willi Oberkrome urteilt daher: »Der Stellenwert des Heimatschutzes in der deutschen Sozial- und Kulturgeschichte ist tatsächlich wohl nur dann angemessen zu beurteilen, wenn seine hellsichtige Modernisierungskritik ernstgenommen wird.«[36].

Lebensreform

Umweltbewusstsein um 1900 war ein Konglomerat aus konservativen und modernen Ideen. Das gilt auch für die ebenfalls zu dieser Zeit entstandene Lebensreformbewegung. Zum einen entsprang sie der Ablehnung des wilhelminischen Hurrapatriotismus, des industriellen Fortschrittswahns und des übersteigerten Rangbewusstseins der gesellschaftlichen Oberschichten. Zum anderen gediehen in ihr rassistische Ideen, weshalb man sie zugleich als Teil einer anti-intellektualistischen, völkisch-nationalen Strömung sehen kann.[37]

Im Kern strebte die Lebensreform einen natürlicheren Lebensstil an. Dazu gehörten luftige Kleidung aus Baumwolle, Ernährung mit Müsli, Fruchtsäften, Nüssen und Vollkornbrot, Ablehnung von Nikotin und Alkohol, zwangloserer Umgang der Geschlechter miteinander, gymnastische Leibesübungen sowie Kneipp-Kuren, Freikörperkultur und Naturheilverfahren.[38] Mit diesen neuen Lebenspraktiken ging auch ein gestiegenes Umweltbewusstsein hinsichtlich der Verschmutzung der Flüsse und der Wertschätzung ungenutzter Natur einher. Vor allem sollte der Kultur und Mode des Kaiserreichs eine betonte Natürlichkeit entgegengesetzt werden. Zugleich hatte der Natur-Kult eine spirituelle Dimension: »Mit dem Begriff ›Natur‹ verbanden die Lebensreformer Heilsversprechen und Erlösungshoffnungen, Natur, das war das Unverfälschte, das Ursprüngliche, das Ewig-Gesunde und Gesundmachende.«[39]

Bei der Lebensreformbewegung handelte es sich nicht um eine Organisation, sondern um teilweise individuell, teilweise in Vereinen organisierte Akteure, die alternative, von ihnen als natürlich angesehene Lebensformen propagierten. Die Zahl derjenigen, die den Idealen der Lebensreform nachstrebten, ging Christoph Conti zufolge in die Hunderttausende,

Wikipedia

Der Buchhalter von Monte Verità, Joseph Solomonson, bei der Gartenarbeit (1907). Er verbreitete dieses Foto als Postkarte.

die meisten verwirklichten ihre Ideale aber nur punktuell. Und nur eine kleine Gruppe ging so weit, aus dem bürgerlichen Leben auszusteigen.[40]

Eines der spektakulärsten Projekte war die Gemeinschaft Monte Verità bei Ascona in der Schweiz, die sich am Ideal der urchristlich-kommunistischen Gemeinde orientierte. Zentrale Elemente waren vegetarische Ernährung, Gartenarbeit, Nacktbaden, Frauenemanzipation, Eheschließung ohne kirchliche oder staatliche Bestätigung (»Gewissensehe«) und neue Erziehungsformen. Die Gemeinschaft zerbrach jedoch schon nach knapp zwei Jahren.[41] Auch der Gartenbau gedieh nur unzureichend. Und so wurde der 1902 aufgenommene Betrieb einer Naturheilanstalt zum kommerziellen Dreh- und

Wikipedia, Doris Anthony

Relief am 1894 erbauten Genossenschaftshaus in Oranienburg-Eden.

Angelpunkt des Projektes, wenngleich es auch weiterhin ein Treffpunkt für Aussteiger und Lebensreformer war. Der Monte Verità, also der Berg der Wahrheit, lockte Philosophen und Künstler an.

Monte Verità war aber nicht das wichtigste Siedlungsprojekt der Lebensreformbewegung. Die um 1900 in zahlreichen Heimat- und Bauernromanen propagierten Visionen eines romantischen Landlebens, in denen Jost Hermand auch einen Kult »ursprünglicher Menschlichkeit« und eine scharfe Gegnerschaft zur »kapitalistisch-industriellen Skrupellosigkeit« sieht, mündeten mehrfach in Landkommunen und Siedlungsprojekten.[42] Vor allem in Berlin entstanden Zirkel von potenziell Stadtflüchtigen, die sich dann zu Gemeinschaften auf dem Land zusammenschlossen. Die wichtigste Siedlung der Lebensreformbewegung war die »Vegetarische Obstbaukolonie Eden« bei Oranienburg.[43] Sie belieferte die in Berlin neu entstandenen Reformhäuser mit Marmeladen, Obst- und Gemüsesäften und der als Fleischersatz entwickelten »Edener Kraftnahrung«. Im Zusammenhang mit der Reformhausbewegung entstanden in einigen Großstädten auch vegetarische Restaurants. In der Gemeinschaft wurde Alkohol und Tabak gemieden, lockere Reformkleidung getragen, und es wurden sozialreformerische, genossenschaftliche Ideen diskutiert.

Die meisten Landkommunen bestanden nur eine begrenzte Zeit. Eine der ganz wenigen Gemeinschaften, die selbst die Zeit des »Dritten Reiches« überdauerten, war die 1923 entstandene Frauenkommune »Schwarzerden« in der Rhön. Christoph Conti betont, dass sich diese Kommune durch eine Abwesenheit jeglichen missionarischen Eifers auszeichnete. Die Frauen sahen sich nicht als überlegene Weltverbesserinnen. Zentrales Projekt war die Gründung einer Gymnastik-Schule, die allmählich entstand, zugleich arbeiteten die Frauen gemeinschaftlich in der Landwirtschaft. Sie hatten aus dem Scheitern vorangegangener Siedlungsexperimente gelernt, dass zu radikales Auftreten und zu hohe Ansprüche kontraproduktiv waren.[44]

Im Unterschied zum Heimatschutz war der Bezug auf Natur in der Lebensreformbewegung stärker durch visionäre und radikale Ideen geprägt. Die Lebensreformer glaubten, in absehbarer Zeit den »neuen Menschen«, eine »neue Gemeinschaft« hervorbringen zu können. Auch apokalyptische Visionen wurden beschworen, die man jedoch, so Joachim Radkau, nicht zu ernst nehmen sollte:

> *»Deutschland war zu einem wohlhabenden Land geworden. Nicht mehr die einseitige Kartoffelnahrung wie noch ein, zwei Generationen zuvor, sondern der allzu hohe Fleisch-, Alkohol-, Tabak- und Zuckerkonsum wurde nun zu einer*

Bundesarchiv Bild 183-R24553

Eine Gruppe des Steglitzer Wandervogels aus Berlin auf großer Fahrt. Aufnahme um 1930.

> *Gefahr für die nationale Gesundheit: Die Krankheitserscheinungen des Hungers traten gegenüber denen des Wohlstands zurück. Traditionelle Ordnungen wurden lockerer; die Individualisierung schritt voran; die Freiheit des Einzelnen wuchs, seinen Lebensstil und seine soziale Bezugsgruppe selbst zu wählen.«*[45]

Zur gleichen Zeit, als Landkommunen entstanden, gingen Jugendliche verstärkt in Gruppen wandern. Auch die »Wandervogel«-Bewegung verstand sich als Alternative zu der als unnatürlich empfundenen städtischen Lebensweise und wird bisweilen als »Jugendabteilung« der Lebensreform angesehen.[46] Die Wandergruppen suchten die Waldeinsamkeit aber weniger, um Natur zu erleben, sondern um zu sich selbst zu finden: »Es war das Bestreben der jungen Leute, außerhalb der konventionellen Lebensweisen ihrer Elternhäuser, aber mit deren Unterstützung, neue Formen der Geselligkeit, des Wanderns und Reisens als Naturerfahrung, vor allem als Gruppenerlebnis Gleichaltriger und Gleichgesinnter zu gestalten.«[47]

Ganz ähnliches hatten die »Naturfreunde« im Sinn, deren erste Gruppe im Jahr 1895 in Wien gegründet wurde, und denen sich bis zum Ersten Weltkrieg im Deutschen Reich und Österreich zusammen über 30.000 junge Menschen anschlossen. Im Unterschied zu den bürgerlichen Jugendlichen des »Wandervogels« zogen hier vor allem junge Arbeiterfamilien ins Grüne. Das Arbeiterwandern brach das Privileg der Wohlhabenden auf Tourismus, es sollte die Proletarier vom ungesunden Stadtleben mit Alkohol und Tabak wegholen und ihnen durch »Schauen der Natur« neue Kraft und Inspiration für ein besseres Leben geben.[48] Die »Naturfreunde« propagierten eine gesunde Lebensweise, und dabei gab es inhaltliche Parallelen zur bürgerlichen Lebensreformbewegung, etwa die positive Haltung zu Nacktkultur und Sexualität. In den 1920er-Jahren kamen zum »sozialen Wandern« auch naturkundliche Aktivitäten hinzu, womit die »Naturfreunde« zu Pionieren eines breiteren Umweltbewusstseins wurden.

Preußische Naturdenkmalpflege

Nach der Jahrhundertwende wurde in Preußen Naturschutz erstmals zur Staatsaufgabe. In einer bahnbrechenden Rede im Preußischen Abgeordnetenhaus hatte der Abgeordnete der »Freisinnigen Volkspartei«, Wilhelm Wetekamp, im Jahr 1898 kritisiert, dass es zwar Botanische Gärten für exotische Pflanzen gäbe, aber keinen Schutz für die einheimische Natur. Wenig später berief der preußische Staat Hugo Conwentz, der auch Vorstandsmitglied im Heimatschutzbund war, auf den neu geschaffenen Posten des »Kommissars für Naturdenkmalpflege«.

Wikipedia

Siegelmarke der Staatlichen Stelle für Naturdenkmalpflege in Preußen.

Conwentz engagierte sich nun für den Schutz von besonderen einzeln stehenden Bäumen, bizarren Felsformationen, und von seltenen Tier- und Pflanzenarten. Er sah in bisher als nutzlos angesehenen Mooren und Ödländern »Zeugnisse des historisch verwurzelten landsmannschaftlich Besonderen« und wollte diese schützen. Sie sollten »unvergängliche Verbindungsstränge zwischen der Vergangenheit und der Gegenwart« sein.[49] Damit suchte Conwentz auch an die ländliche Volkskultur anzuknüpfen, waren doch alte Bäume zum Beispiel seit jeher Teil der Volksfrömmigkeit. Trotz aller völkischen Grundierung fand die Naturdenkmalpflege aber auch Unterstützung bei der Sozialdemokratie, weil sie den Erholungswert der Landschaft steigerte.[50]

ullstein bild 01098953

Mahntafel für Liebespaare an einem Baum im Jahr 1929.

Kehrseite der Beschränkung des Naturschutzes auf denkmalpflegerische Eingriffe war, dass das Überleben von Flora und Fauna an sich, Artenvielfalt und Biotope kaum berücksichtigt wurden. Auch die erstaunliche Anpassungsfähigkeit der Natur entging Conwentz' vergleichsweise statischem Weltbild, das sich an landschaftlichen Idealtypen orientierte.

Zugleich war der denkmalpflegerische Ansatz auch Ausdruck der Grenzen der Machbarkeit. Denn es gab zu jener Zeit keinerlei »gesamtgesellschaftlichen umweltpolitischen Gestaltungswillen«, auf den ein umfassenderer Umweltschutz hätte aufbauen können. Insofern war die Selbstbeschränkung Ausdruck von Realitätssinn, da »jeder Versuch, gegen akute Umweltbelastungen einzuschreiten, am hermetisch geschlossenen Widerstand des Staates wie der ökonomischen Interessengruppen gescheitert wäre«.[51]

Selbst hinsichtlich des Engagements für Naturdenkmäler setzte das preußische Abgeordnetenhaus enge Grenzen. So lehnte eine Mehrheit aus rechten Parteien und Zentrum einen Gesetzentwurf ab, der staatlichen Zugriff auf Privateigentum

Wikipedia, Willow

Osterheide bei Schneverdingen 2007.

ermöglichen wollte: Die Sicherung von Naturdenkmalen und Schutzgebieten war nur mit Zustimmung des Eigentümers möglich.[52] Das war auch der Hauptgrund dafür, dass der Staat die 1898 von Wetekamp erhobene Forderung, Staatsparks für einheimische Naturlandschaften nach US-amerikanischem Vorbild einzurichten, nicht aufgriff.[53] Die Schaffung der ersten deutschen Nationalparks ging somit auch nicht von Conwentz aus, sondern von dem 1909 gegründeten »Verein Naturschutzpark«. Bis 1913 kaufte bzw. pachtete der Verein mehr als 30 km² Heidefläche und legte damit den Grundstein dafür, dass die Lüneburger Heide im Jahr 1921 unter Naturschutz gestellt wurde. Die Gelder kamen zum Teil aus dem preußischen Staatsbudget, teils aus Spenden sowie Lotteriegeldern.[54] Ironischerweise beruhte die Motivation der Naturschützer – zu denen auch der Dichter Hermann Löns gehörte – nämlich eine »unberührte Landschaft« zu bewahren, auf einem Irrtum. Die Heide wurde als »Ur-Natur« missverstanden, später erst wiesen Boden- und Pollenkundler die ursprüngliche Bewaldung nach. Die Heide war in Wirklichkeit eine durch Abholzung und Schafweide entstandene Kulturlandschaft.[55]

Süddeutsche Zeitung Photo 02384265, Johannes Simon

Laut einer Legende ist die Tassilolinde in Wessobrunn mehr als 1300 Jahre alt. Foto von 2016.

NS-Umweltpolitik

Natur- und Tierschutz blieben in der Weimarer Republik ein Randthema. Erst die Machtergreifung durch die Nationalsozialisten versetzte die deutschen Naturschützer in neue Aufbruchstimmung. Die Entwicklungen im Zeitraum von 1933 bis 1935 schienen die positiven Erwartungen zu bestätigen. Während es kaum nennenswerte private Initiativen gab, zeigte der Staat starkes Interesse am Schutz der natürlichen Umwelt. Im Zuge der Zentralisierung zum »Führerstaat« schufen die Nazis erstmals ein nationales Gesetzeswerk, zu dem ein Tierschutzgesetz, ein Wasserverbandsgesetz, ein Reichsjagdgesetz, ein Gesetz gegen die Waldverwüstung und ein Heimatschutzgesetz gehörten. Dann folgte 1935 das Reichsnaturschutzgesetz. Der von dem Lehrer und Naturschutzbeamten Hans Klose verfasste Gesetzestext kam ohne nationalsozialistisches Gedankengut aus und leitete eine neue Ära des staatlichen Naturschutzes ein.

Eine zentrale Persönlichkeit des NS-Naturschutzes war Walther Schoenichen. Er hatte zuvor als Nachfolger von Hugo Conwentz die staatliche Stelle für Naturdenkmalpflege in Preußen geleitet. Dass er nun für ganz Deutschland zuständig war, führte zu spürbaren Verbesserungen. 1940 wies das Reichsnaturschutzbuch über 800 eingetragene Naturschutzgebiete auf.[56] Selbst wenn man bedenkt, dass etwa 400 Schutzgebiete schon zur Zeit der Weimarer Republik bestanden hatten, war das ein großer Schritt nach vorn, zumal seit 1935 auch die Möglichkeit geschaffen wurde, schützenswerte Gebiete, die sich in Privateigentum befanden, entschädigungslos zu enteignen.

Als Person verkörperte Schoenichen zum einen die Kontinuität staatlicher Naturdenkmalpflege, zum anderen die Verbindung von Naturschutz und NS-Ideologie. Bereits in der Weimarer Republik gab er mit kulturpessimistischen, anti-amerikanischen und rassistischen Äußerungen seiner Enttäuschung über die fehlende Naturverbundenheit der Massen Ausdruck. Werbetafeln in der Landschaft führte er auf eine »Infektion mit jüdischem Giftstoff« zurück. 1932 trat er in die NSDAP ein, 1933 begrüßte er die ersten antisemitisch begründeten Maßnahmen gegen jüdische Kollegen als »grundsätzliche Reinigung des Volkes«.[57]

Aber im November 1938 übernahm nicht er, sondern Hans Klose – der nicht der NSDAP angehörte und sogar jüdische Vorfahren hatte – die Leitung der neu geschaffenen Reichsstelle für Naturschutz.[58] Klose hatte sich seit etwa 1910 für den Naturschutz eingesetzt, 1922 hatte er den »Volksbund Naturschutz« gegründet. Kurz danach war er ehrenamtlicher Kommissar für Naturdenkmalpflege des Landes Brandenburg geworden.

Klose galt lange als der wichtigste Pionier der deutschen Umweltpolitik dieser Zeit. Erst in jüngster Zeit wurde bekannt, dass sein Gesetzentwurf auf Vorarbeiten des Höhlenforschers und Juristen Benno Wolf zurückgriff. Wegen seiner jüdischen Herkunft wurde Wolf ab 1933 diskriminiert, 1936 schloss ihn der Naturschutzbund aus. 1942 wurde er ins KZ Theresienstadt deportiert, wo er wenig später ums Leben kam.[59]

Antisemitismus bildete im Übrigen auch eine wichtige Komponente des Tierschutzes im »Dritten Reich«. Bereits im April 1933 erließ Hitlers Regierung ein Verbot der betäubungslosen Tötung von Tieren. Das Gesetz richtete sich gegen das sogenannte Schächten, also die Schlachtung von Nutztieren nach jüdisch-orthodoxem Ritus, bei dem die Tiere durch Öffnung großer Schlagadern getötet werden. Auch wissenschaftliche Tierversuche, vor allem die Vivisektion, also Versuche an lebenden Tieren, waren für die Nazis eine »Ausgeburt einer jüdisch-materialistischen Schulmedizin«.[60] Im November 1933 wurde das Reichstierschutzgesetz erlassen, das erstmals das »unnötige« Quälen oder Misshandeln von Tieren unter Strafe stellte. Bisherige Gesetze hatten nur »absichtliches« Quälen verboten.

Bereits 1929 hatte Hitler verkündet: »Ich bin ein entschiedener Gegner der Tierquälerei, die es im neuen Reich nicht geben darf«.[61] Ausgerechnet die Nationalsozialisten, die Menschen im allerschlimmsten Sinn wie Tiere behandelten, präsentierten sich als Tierfreunde. War das mehr als Propaganda? Tierschutz wurde aus der gleichen völkischen Perspektive gesehen wie die Behandlung von Menschen, die als fremdrassig stigmatisiert wurden. So hieß es in einem Aufsatz in der Fachzeitschrift »Deutsche Justiz«: »Ebenso wie der Mensch nach unserer Auffassung strafrechtlichen Schutz nur genießt, weil und insoweit er aktives Mitglied dieser Gemeinschaft ist, gerade so genießt auch das Tier wegen seiner Zugehörigkeit zu dieser Gemeinschaft einen seiner Bedeutung entsprechenden Schutz.«[62]

In der Praxis machten die Nationalsozialisten allerdings Ausnahmen, wenn es zum Beispiel um Tierversuche für »kriegswichtige« Forschungsprojekte ging oder in der Krebsforschung.

Einige Tiere erschienen Hermann Göring besonders wertvoll, wie etwa der Auerochse. Göring, in seiner Funktion als Reichsforstmeister und Reichsjägermeister, wollte der ausgestorbenen Art durch Züchtung eine zweite Chance geben. Geschehen sollte das in Bialowieza, dem letzten europäischen Tiefland-Urwald, der sich über 100 Quadratkilometer an der Grenze von Ostpolen und Belarus erstreckt. Zunächst wurden nach Einmarsch der Wehrmacht in die Sowjetunion im Juni 1941 zahlreiche Einwohner deportiert bzw. umgebracht. Die deutsche Ordnungspolizei vertrieb 20.000 Menschen aus Bialowieza. 116 Dörfer wurden niedergebrannt, 900 Männer erschossen, ihre Frauen und Kinder in ein Ghetto deportiert. Dann wurden dort gezüchtete Rinder angesiedelt, die dem Auerochsen ähnelten. Hinzukommen sollten Wisente und ausgestorbene Wildpferde, die ebenfalls rückgezüchtet werden sollten. Dadurch sollte ein Urzeit-Reservat für »germanische«

Tiere und Pflanzen entstehen. Der Verlauf des Krieges beendete das Experiment frühzeitig.[63]

Festzuhalten bleibt, dass im Umweltrecht und teilweise auch in der Umweltpolitik des »Dritten Reiches« jahrzehntelang marginalisierte Bestrebungen von Natur- und Heimatschützern verwirklicht werden konnten. Die NS-Umweltpolitik schuf wichtige gesetzliche Grundlagen für den Schutz von Natur und Umwelt, wenngleich die praktische Wirksamkeit begrenzt war. So urteilt der Rechtshistoriker Stefan Dirscherl, »dass trotz Überschreitung und Beseitigung ethischer und moralischer Grenzen im Nationalsozialismus des Dritten Reichs Tier- und Naturschutzgesetze etabliert wurden, die als fortschrittlich angesehen werden können und in vielen Fällen nach wie vor Bestand haben oder die Grundlage heutiger Gesetze bilden.«[64]

Bundesarchiv Bild 183-2005-0217-500, Ernst Schwahn

Reichsautobahn Berlin – München im Juni 1939 an der Elb- und Muldenniederung südöstlich von Dessau. Aus Gründen des Landschaftsschutzes blieben die alten Eichen – das Wahrzeichen des parkähnlichen Wiesengeländes – auf dem Mittelstreifen erhalten.

»Deutsche« Landschaften

Anstrengungen zur Pflege der Landschaft, wie sie auch in Bemühungen um die Konservierung des polnischen Urwalds zum Ausdruck kamen, waren im »Dritten Reich« Staatspolitik. In Görings Reichsforstamt gab es ein Referat Landschaftspflege, das ab 1938 von Hans Schwenkel geleitet wurde, der heute als Pionier des Natur- und Landschaftsschutzes gilt. Völkischer Heimatschutz und antisemitischer Rassismus gingen bei Schwenkel Hand in Hand. Begriffe wie Seele, Genius, Verwurzelung, Natur und Heimat bildeten die Eckpunkte für das nationalsozialistische Umweltbewusstsein.

So schrieb der führende NS-Naturschützer Walther Schoenichen:

> *»Soll die neue Volksgemeinschaft in wahrhaft deutschem Sinne Wirklichkeit werden, so müssen die ursprünglichen, naturgewollten Seelenanlagen unserer Rasse wieder voll zum Durchbruch kommen. [...] Und wenn der Naturschutz sich zuvörderst in den Dienst dieser Aufgabe stellt, erfüllt er eine heilige vaterländische Pflicht und wirkt in hervorragendem Maße an dem großen Werke der Begründung einer neuen Volksgemeinschaft.«*[65]

Schutz der »deutschen« Natur hieß, dass Natur nicht »an sich« als schützenswert galt, sondern nur jene, als »eigen« deklarierten Aspekte, die sich durch »Seltenheit, Schönheit oder Eigenart« auszeichneten. Das NS-Umweltbewusstsein war nicht ganzheitlich, sondern völkisch und selektiv.

Was blieb davon übrig in der praktischen Politik? Aufschlussreich ist in diesem Zusammenhang ein Blick auf den Bau der Reichsautobahnen, denn hier spielten landschaftspflegerische Ideen eine Rolle. Um die deutschen Autobahnen nicht »mechanistisch«, sondern naturnah zu gestalten, setzte der für den Autobahnbau zuständige Fritz Todt eine Reihe von sogenannten »Landschaftsanwälten« ein, an deren Spitze der Landschaftsgestalter Alwin Seifert stand. Diese Landschaftsanwälte hatten bei den Bauprojekten beratende Funktion und versuchten dafür zu sorgen, dass die Schnellstraßen sich harmonisch mit der Umgebung verbanden. Im Idealfall hieß das: Die Autobahnen passten sich in kurvenreicher Linienführung dem Relief an, beim Brückenbau wurden Natursteine statt Sichtbeton verwendet und am Straßenrand wuchsen einheimische Bäume und Sträucher. Praktisch gelang das allerdings kaum. Allein das Bautempo ließ es oft nicht zu, den Landschaftsschutz zu berücksichtigen. Erst in der Endphase, ab 1938, wurden Autobahntrassen in die Landschaft eingebunden – da waren bereits 3000 der insgesamt 3625 Streckenkilometer, die bis 1941 entstanden, fertig.[66]

Dass eine Synthese von Natur und Technik überhaupt angestrebt wurde, zeugt von einer neuen Qualität des Naturschutzes. Statt auf Naturerhaltung legte das NS-Regime den Schwerpunkt auf Naturgestaltung und beförderte damit, so Ulrich Linse, den Übergang der Umweltpolitik vom bürgerlichen Antimodernismus zum ökologischen Modernismus.[67]

Heilpraktiker und Bio-Bauern

Neben Natur- und Landschaftsschutz wurden unter der nationalsozialistischen Herrschaft auch Ideen der Lebensreformbewegung aufgegriffen. Dazu gehörte auch die alternative Medizin, die einen vorübergehenden Aufschwung erlebte.[68] Insbesondere die Homöopathie fand im »Dritten Reich« erstmals in ihrer Geschichte staatliche Unterstützung. So wurden knapp ein Dutzend Krankenhäuser für Homöopathie und Naturheilkunde gegründet.[69]

Das Heilpraktikergesetz vom 17. Februar 1939 machte aus dem bisher unreglementierten »Heilpraktiker« einen Beruf. Nun war zur berufsmäßigen Ausübung eine Unbedenklichkeitsbescheinigung eines Amtsarztes erforderlich. Naturheilkunde und Nationalsozialismus beriefen sich beide auf Natürlichkeit und übten Zivilisationskritik. Aber das Zusammengehen von Naturheilern und Nazis blieb nur eine kurze Episode. Und die Einführung professioneller Standards bewirkte paradoxerweise eine Aufwertung des Status und zugleich einen Rückgang der homöopathischen Praxis.

Ähnlich marginal waren die ökologischen Tendenzen in der NS-Landwirtschaftspolitik. Bereits in den 1920er-Jahren hatte die radikal-völkische Artamanen-Bewegung, ganz ähnlich wie «Wandervögel» und anarchistische Landkommunen, eine Abkehr von «kapitalistischen Entartungserscheinungen» und ein «Zurück zur Scholle» propagiert. Der junge Heinrich Himmler hatte sich hier ebenso engagiert wie der spätere Hitler-Stellvertreter Rudolf Hess sowie Ernährungs- und Landwirtschaftsminister Walther Darré.[70] Letzterer förderte in den 1930er-Jahren das mittlere Bauerntum und stellte Bedarfsdeckung statt Profit in den Mittelpunkt, um die Auszehrung des Bodens durch moderne Landwirtschaft zu bremsen. Er war nicht nur ein überzeugter Rassist und Antisemit. Blut und Boden-Politik bedeutete für Darré offenbar auch das Verbot von Insektiziden und den Schutz von Vögeln und Wäldern.

Darré war jedoch alles andere als ein grüner Agrarpolitiker. Sein Interesse an biologisch-dynamischer Landwirtschaft speiste sich aus dem völkischen Ideal eines »gesunden Bauerntums«. Beim Begriff »Boden« hatten die Nazis nicht das konkrete Ökosystem vor Augen, sondern die Schollenverwurzelung und Sesshaftigkeit von Bauern, in deren Adern »nordisches Blut« floss. Dementsprechend blieben Bio-Bauern mit anthroposophischen Praktiken im »Dritten Reich« eine Randerscheinung, die widerstrebend toleriert wurden, mehr nicht. Dass sie trotz Anfeindungen durch führende Nazis ihren Ökolandbau fortsetzen konnten, war vor allem das Verdienst von Hitlers Stellvertreter Hess, der sich für den biologisch-dynamischen Landbau einsetzte.[71]

ullstein bild 00277493

Arbeitsmaiden marschieren über den Eingang eines Bunkers im »Westwall« zur Feldarbeit. Foto von August 1940.

Umwelt und Vernichtungspolitik

Selbst die mörderische nationalsozialistische Eroberungs- und Vernichtungspolitik blieb nicht unberührt von umweltpolitischen Ideen. Die »Heimatliebe« des Reichsführers-SS Heinrich Himmler schlug sich sogar in Planungen für Konzentrationslager nieder. Himmler regte für die KZs in Dachau und Esterwegen die Ansiedlung von Störchen an. Die enge Verbindung von rassistischer Vernichtungspolitik und ökologischer Planung fand sich auch in Auschwitz. Hier startete ein Pilotprojekt für die »Eindeutschung« der Stadt und ihres Umlandes im Sinne der Blut-und-Boden-Ideologie. Siedlungen sollten »durchgrünt« werden, Einfamilienhäuser Gärten zur Selbstversorgung erhalten, Landwirtschaftsgebäude möglichst inmitten von »heckendurchzogenen« Feldern stehen. »Deutsche Pflanzen« sollten die Stadt von dem Vernichtungslager abgrenzen. Auf Befehl von Lagerkommandant Rudolf Höß wurde ein Grüngürtel um die Krematorien angelegt.[72]

Ein Beispiel für die Allianz von Landschaftsschutz und Eroberungskrieg bietet der Westwall, der auf rund 630 Kilometern im heutigen Rheinland-Pfalz, Nordrhein-Westfalen, Baden-Württemberg und Saarland verlief. Rund 23.000 Bunker, Laufgräben und Flugabwehrstellungen wurden gebaut. Naturschützer wurden ab 1938 in die Planungen einbezogen, um den Westwall zu einer »grünen Wehrlandschaft« zu gestalten. Die Naturschützer schütteten Hügel auf und transportierten Mutterboden zur Baustelle, sie pflanzten Bäume, Büsche und Feldgehölz. Auch Kübelpflanzen kamen zum Einsatz. Oberstes Ziel war jedoch die Tarnung. Aus der Luft sollten die Anlagen für die alliierten Flugzeuge nicht zu erkennen sein.[73] Die Begrünung von Vernichtungslagern und militärischen Bauwerken war eine Perversion der grünen Idee, eine oberflächliche Instrumentalisierung für militärische und verbrecherische Ziele.

Das »Dritte Reich« wirtschaftete insgesamt ökologisch nicht bewusster als andere Industriegesellschaften. Die Wasser- und Luftverschmutzung nahm gegenüber der Weimarer Republik zu, die Industrialisierung wurde rücksichtslos betrieben. »Wo Umweltbedenken mit gewichtigen Wirtschafts- und Militärinteressen kollidierten, blieben sie machtlos.«[74] Aus wirtschaftlichen Gründen wurden schnell wachsende Nadelbäume gepflanzt, Umweltverträglichkeitsprüfungen weggelassen und auch die Euphorie für die Nutzung von Windkraft blieb eine kurze Episode. Die Naturschützer zogen auch in der »Erzeugungsschlacht« der Landwirtschaft, bei der es vor allem um die Steigerung der Nahrungsmittelproduktion ging, den Kürzeren, und beschränkten sich darauf, wie Hans Klose 1943 einräumte, »unvermeidliche Schäden auf ein erträgliches Maß zurückzuführen«, in der Hoffnung auf »landschaftsgestalterische Ausgleichsmaßnahmen nach dem Kriege«.[75] Der Umgang mit der Landschaft war insgesamt alles andere als ökologisch. Im eroberten Osten wurden bis Oktober 1943 ca. 230.000 Hektar Sumpfland trockengelegt, Flüsse auf einer Länge von 1.100 Kilometern begradigt, 3600 Kilometer Entwässerungskanäle und ein Wasserkraftwerk gebaut.[76]

Neue Impulse

Bedeutende Figuren der nationalsozialistischen Umweltpolitik wie Hans Klose, Alwin Seifert oder Heinrich Wiepking-Jürgensmann setzten ihre Karriere in der Bundesrepublik fort. Seifert und Wiepking erhielten Professuren, Klose leitete die Zentralstelle für Naturschutz und Landschaftspflege, den Vorläufer des Bundesamtes für Naturschutz. Alwin Seifert schrieb Sachbücher zum ökologischen Gärtnern. Schoenichen, Schwenkel und Wiepking erhielten für ihre Bemühungen zum Schutz der Umwelt das Bundesverdienstkreuz, wobei man stets über ihre NS-Verstrickung hinwegsah. Die NS-Gesetze zu Natur- und Tierschutz galten in der Bundesrepublik noch Jahrzehnte. Impulse für die weitere Ausprägung des Umweltbewusstseins gingen von den Akteuren der NS-Umweltpolitik jedoch nicht aus.[77]

Die kamen in den 1950er und 1960er-Jahren vor allem aus den USA, die nun zum umweltpolitischen Schrittmacher avancierten. Bereits seit 1948 entwarfen US-Buchautoren »erstmals eine globale Sicht auf das, was man später als ›Umweltproblem‹ bezeichnete und brachten das Konzept eines weltweiten Natur-›Haushalts‹ in Umlauf.«[78] In den ersten beiden Nachkriegsjahrzehnten wollte das kaum jemand hören. Es war die Zeit der weltweiten Etablierung der Konsumgesellschaft, der materielle Wohlstand erhöhte sich rasant, und zugleich nahm die Schädigung der Umwelt bedrohliche Ausmaße an. Politische Konsequenzen hatte das zunächst nicht.

Eine Trendwende leitete, zunächst in den USA, das von der Biologin Rachel Carson verfasste Buch »The Silent Spring« (Der stumme Frühling) ein. Das 1962 publizierte Buch gilt als Auftakt der US-amerikanischen Ökobewegung. Es bot eine Kompilation des damaligen Wissens über die toxischen Wirkungen des Insektengiftes DDT und anderer Pestizide auf Tierwelt und Mensch – in verständlicher Sprache und kombiniert mit eindringlichen Appellen zum Handeln.[79] Das Buch löste eine folgenreiche Debatte aus.[80] Präsident Kennedy berief ein Expertengremium, das Carsons Warnungen im Kern bestätigte. Die Industrie konterte mit eigene Expertisen und verteidigte die chemische Schädlingsbekämpfung als alternativlos. Die Kontroverse wurde heftig geführt, auch deshalb, weil Carson weniger die ökologischen Schäden und mehr die Folgen für die menschliche Gesundheit betont hatte. Carson zielte zudem ins Herz der US-Nationalsymbolik, indem sie darlegte, dass DDT den Fortpflanzungszyklus des Weißkopfadlers störte, der dadurch auszusterben drohte.

Die Debatte bewirkte kein sofortiges Umdenken, hatte aber langfristige Konsequenzen. Die Naturschutzorganisation »Audubon Society« schuf 1965 den »Rachel-Carson-Fund«, um Klagen wegen Umweltschäden zu finanzieren. 1969 wurde DDT in den USA (gegen den Widerstand wirtschaftlicher Interessengruppen) verboten, wobei bemerkenswert ist, dass nicht die Gesundheitsrisiken für den Menschen, sondern ökologische Folgen den Ausschlag für das Verbot gaben.

Neben Carson war der US-amerikanische Biologe und Umweltaktivist Barry Commoner einflussreich. Er profilierte sich Ende der 1960er-Jahre mit alarmierenden Publikationen zur Umweltschädigung durch Dünger- und Waschmittelhersteller als Führer der New-Conservation-Bewegung. Diese neue kämpferische Umweltbewegung konnte auf Traditionen bauen, die bis ins 19. Jahrhundert zurückreichten. In der New-Conservation-Bewegung flossen solche bisher isolierter Bestrebungen zusammen.

Politisch war die US-Umweltbewegung heterogen. Die von Commoner und Carson betriebene Anprangerung der umweltschädigenden Industrie und der Vergiftungs- bzw. Verschmutzungs-Diskurs insgesamt boten zum einen Anknüpfungspunkte für kapitalismuskritische Linke. Zum anderen brachte etwa der Biologe Paul Ehrlich mit seinem Buch »The Population Bomb«, das den Zusammenhang von

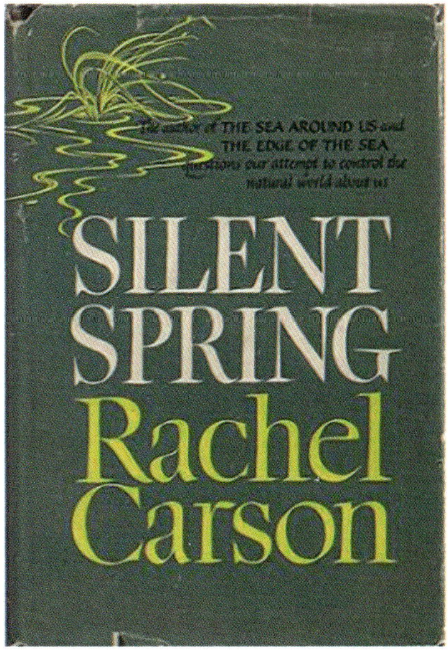

Wikipedia

Cover der englischen Erstauflage von Rachel Carsons Buch »Silent Spring« (Der stumme Frühling), 1962.

Bevölkerungswachstum und Umweltkrise beschwor und für eine erzwungene Geburtenkontrolle plädierte, rechtskonservatives, sozialdarwinistisches Denken in die Umweltbewegung ein. Kulturpessimistische Ideen fanden sich bei Lewis Mumford in seinem 1967 bzw. 1970 in zwei Bänden erschienenen Buch »Mythos der Maschine«. Der technokratischen Zivilisation stellte er eine menschengerechte Stadt- und Regionalplanung, selbstorganisierte dezentrale Strukturen und ein organisches Wachstum gegenüber.[81]

Ein weiterer wichtiger Autor an der Schnittstelle von akademischem und öffentlichem Diskurs war der Mediziner René Dubos, der Erfinder der Antibiotika, der sich nun gegen die massenhafte Anwendung von Antibiotika aussprach und vor einem »Ausrottungswahn« warnte. Statt das mikrobielle Ökosystem des Menschen einseitig zu stören, mit unbeabsichtigten negativen Folgen, forderte er, zu lernen, mit Bakterien und Viren zu leben.[82]

Das neue Umweltbewusstsein am Wendepunkt 1970 schlug sich in wirkmächtigen Öko-Slogans nieder. Barry Commoner prägte 1971 den Spruch »everything is connected to everything else«, das er als »erstes ökologisches Grundgesetz« bezeichnete. Ein weiterer Slogan stammte wahrscheinlich von David Brower, der 1971 als erster »Think globally, act locally« gesagt haben soll. Brower hatte 1969 die »Friends of the Earth« gegründet, die sich ebenso gegen die Naturzerstörung durch Staudämme engagierten wie gegen Atomkraft und sich zu einer internationalen Organisation entwickelten.

»Ein Platz für Tiere«

Um 1970 gab es in den USA also bereits eine ausdifferenzierte Umwelt-Bürgerbewegung, während eine solche in der Bundesrepublik zu dieser Zeit noch nicht existierte. Aber auch hier nahm die Sorge um die natürliche Umwelt allmählich zu. Sachbücher prangerten bereits seit den 1950er-Jahren die naturzerstörende Auswüchse der Industriegesellschaft an und gipfelten in apokalyptischen Visionen. Sie wiesen auf Bodenzerstörung, Luft- und Wasserverschmutzung, Zivilisationskrankheiten und vergiftete Nahrung hin. Diese Bücher fanden Leser vor allem dann, wenn sie Brücken bauten von der völkischen Ideologie zu zeitgenössischer Technik-Kritik, wie etwa Günther Schwabs Pamphlet »Der Tanz mit dem Teufel«. Das Buch erreichte bis 1960 eine Auflage von einer Million Exemplaren. Es handelte sich um das fiktive Interview eines Journalisten mit dem Teufel und seinen Gehilfen, deren Werben für die Nutzung der Kernkraft als eine verbrecherische Geheimverschwörung erscheint, durch welche die Menschheit verdorben werden soll. Der Autor, gelernter Forstwirtschaftler, initiierte im Jahr 1960 die Gründung des »Weltbundes zum Schutze des Lebens«. Dessen Ideale reichten von konservativem Naturschutz über Vollwertkost bis zum Schutz des ungeborenen Lebens. Der politisch rechts stehende Weltbund, der vor allem im deutschsprachigen Raum aktiv war, gab wichtige Impulse zur Herausbildung der westdeutschen Anti-Atomkraft-Bewegung.[83]

Publizistische Katastrophenwarnungen hatten jedoch in der Bundesrepublik vor 1970 kaum greifbare Folgen. Offenbar hatte Katastrophenangst zur Zeit des »Wirtschaftswunders« schlechte Karten. Erst gegen Ende der 1960er-Jahre stieg die Resonanz für Umweltwarnungen.

Wieso erwachte das globale – und damit auch das bundesdeutsche – Umweltbewusstsein ausgerechnet zu diesem Zeitpunkt? Umweltprobleme gab es schon lange zuvor. Woher kam der plötzliche Hype? Gestiegener Problemdruck kann es nicht gewesen sein, denn es gab weder eine globale Umweltkatastrophe noch eine tendenzielle Verschlechterung der Lebensbedingungen der Bevölkerung.

Wikipedia

Emblem des »Weltbunds zum Schutze des Lebens« aus den 1960er-Jahren.

Offenbar entstand in den 1960er-Jahren, vor dem Hintergrund wachsenden Wohlstands, eine bis dahin nicht vorhandene »kulturelle Wahrnehmungsbereitschaft« für globale Umweltprobleme.[84] Eine bedeutende Rolle spielten, so der Historiker Kai Hünemörder, »vielreisende Generalisten«, etwa der Tierschützer und Zoodirektor Bernhard Grzimek.[85] Er beeinflusste Denken und Fühlen von Millionen Bundesbürgern über seine Fernsehsendung »Ein Platz für Tiere«. Grzimek bediente »das Musterbild vom gemütlichen, väterlichen (...) Professor, dem traditionelle Werte wie die ›deutsche Heimat‹ am Herzen lagen«, und sensibilisierte sein Millionenpublikum zugleich für gefährdete Wildtiere Afrikas.[86] Grzimeks »Gemütlichkeitsbonus«, so der Historiker Jens Ivo Engels, erleichterte es vielen eher unpolitischen Zuschauern, auch konfrontative Beiträge wie etwa zum Abschlachten von Robben in Kanada zu akzeptieren. Die Sendung »Ein Platz für Tiere« machte Naturschutzkampagnen in den Wohnstuben der Fernsehzuschauer »salonfähig«.

Naturschutz stellte in den 1960er-Jahren noch nicht die Erhaltung von Ökosystemen ins Zentrum. Charakteristisch für die seit den 1950er-Jahren in Afrika entstandenen Nationalparks, bei denen auch Grzimek involviert war, waren Exotismus

Süddeutsche Zeitung Photo/dpa 01139571

Der Direktor des Frankfurter Zoo Dr. Bernhard Grzimek (Mitte) begrüßt nach seiner Ankunft auf dem Flughafen Frankfurt im Mai 1952 seine Schimpansin Kathrin.

und die Fixierung auf Großwild. Auch der 1961 gegründete World Wildlife Fund (WWF) entstand in diesem Kontext. Rassistische und kolonialistische Ansichten spielten hier ebenso eine Rolle wie die Interessen passionierter Großwildjäger, wie etwa des Gründungspräsidenten, des niederländischen Prinzen Bernhard zur Lippe-Biesterfeld. Der WWF kaufte Habitate dieser Tiere und stellte Ranger zum Schutz vor Wilderern an. Ökologisches Denken war das nur im Ansatz, erst später verlagerte sich das Augenmerk des Naturschutzes weg von Großwild und Adler, hin zu Insekten und Lurchen.

Die Gründung des WWF war auch eine Reaktion darauf, dass die Internationalisierung des Naturschutzes, die kurz nach dem Zweiten Weltkrieg begonnen hatte, nur zögerlich anlief. Im Jahr 1948 war im Umfeld der UNESCO, insbesondere gefördert durch deren Generalsekretär Julian Huxley, die »International

Union for the Protection of Nature« (IUPN) gegründet worden. Die Organisation, die sich später in IUCN umbenannte (und damit »protection« durch »conservation« austauschte), war ein Hybrid aus Regierungs- und Nichtregierungsorganisation, und vor allem ein wissenschaftliches Eliten-Netzwerk. Die Anfänge waren bescheiden, zunächst war die Organisation, so der Umwelthistoriker Frank Uekötter, »kaum mehr als ein unverbindlicher Diskussionszusammenhang«.[87] Erst später wurde die IUCN global relevant, so durch die 1966 erstmals veröffentlichte »Rote Liste« der gefährdeten Arten.

Umweltschutz als Staatsaufgabe

In Deutschland hatte es bereits in der Adenauer-Ära erste Ansätze für eine Umweltpolitik gegeben. 1952 war die »Interparlamentarische Arbeitsgemeinschaft für naturgemäße Wirtschaft« (IPA), in der zunächst vor allem Abgeordnete von Länderparlamenten tätig waren, gegründet worden. Die IPA hatte Gutachten und Gesetzentwürfe zur Gewässer- und Luftreinhaltung und zum Lärmschutz erarbeitet.[88] Es gab auch schon zahlreiche Aktivitäten zur Umweltforschung. Bis Ende der 1960er-Jahre blieben Luft- und Gewässerreinhaltung aber Experten vorbehaltene Spezialprobleme. Das änderte sich um 1970. Das Jahr gilt als Wendepunkt, an dem weltweit staatliche Umweltpolitik institutionalisiert wurde. Mehrere Entwicklungen verstärkten sich gegenseitig. Nicht nur Sachbuchautoren, die ein diffuses Unbehagen an der Industriegesellschaft beförderten, und Naturschützer, die sich international vernetzten, sondern auch Beamte und Techniker, die Umweltprobleme als technologische Herausforderung ansahen und Lösungen entwickelten, bereiteten den Boden für die ökologische Wende.

Die Bündelung von zunächst isolierten Aktivitäten hatte einen Beschleunigungseffekt. Naturschützer, Experten der

Luft- und Wasserreinhaltung sowie Verwaltungsfachleute berieten gemeinsam. 1968 verabschiedete der Europarat sowohl eine Wasser-Charta als auch eine Charta zur Reinhaltung der Luft und erklärte zudem das Jahr 1970 zum Naturschutzjahr. Die UNESCO veranstaltete eine internationale Konferenz, auf der 300 Wissenschaftler aus 60 Ländern über den Schutz der Biosphäre, deren Gleichgewicht durch menschliche Einwirkung gefährdet war, berieten. Auch viele nationale Regierungen nahmen sich der Umweltprobleme an.

Die Anfänge bundesdeutscher Umweltpolitik, die im Kern eine »Erfindung« von liberalen Ministerialbeamten war, fallen mit der Bildung der sozialliberalen Koalitionsregierung unter Bundeskanzler Willy Brandt im Jahr 1969 zusammen. Innenminister war der FDP-Vorsitzende Hans-Dietrich Genscher, der die Sorge um Gewässerschutz, Luftreinhaltung und Lärmschutz in seinen Kompetenzbereich verlagerte. Hierfür bildete er eine eigene Abteilung, die in Anlehnung an das US-Vorbild als »Abteilung Umweltschutz« bezeichnet wurde. Den Begriff »Umweltschutz« gab es vor 1969 im deutschen Sprachgebrauch nicht, was sich aber rasch änderte.[89] INFAS-Umfragen zeigten, dass im September 1970 bereits 41 Prozent der Befragten das Wort »Umweltschutz« kannten, im November 1971 waren es 92 Prozent.[90]

Der umweltpolitische Vorstoß der Bundesregierung brachte zahlreiche neue Gesetze, so 1972 das Abfallbeseitigungsgesetz, 1974 das für die Luftreinhaltung zentrale Bundes-Immissionsschutzgesetz und 1976 das Bundesnaturschutzgesetz, das (neu gefasste) Wasserhaushalts- und das Abwasserabgabengesetz. Damit wurde der bisher als sektorale Aufgabe angesehene Umweltschutz ein umfassend-systematischer, der zudem nicht mehr auf Konservierung, sondern auf vorsorgende Gestaltung abzielte.[91] Auch die Schaffung des Sachverständigenrates für Umweltfragen (nach dem US-amerikanischem Vorbild »Council of Environmental Quality«) und die Gründung des Umweltbundesamtes gehörten zu den unmittelbaren Resultaten der staatlichen

Wikipedia, M_H.DE

Schild zur Kennzeichnung von Landschaftsschutzgebieten in der DDR.

Umweltoffensive. Die umweltpolitische Wende stand anfangs ganz im Zeichen der technischen Machbarkeit; ökologisches Denken spielte, wie Kai Hünemörder gezeigt hat, kaum eine Rolle.[92] Umweltpolitik galt als eine Sache für ausgewiesene Experten und wurde von viel Optimismus getragen.

Das war in der DDR ähnlich. So kündigte der frisch ins Amt gekommene Generalsekretär der herrschenden SED, Erich Honecker, in seiner Rede auf dem VIII. Parteitag im Jahr 1971 an, dem Umweltschutz mehr Aufmerksamkeit zu widmen.[93] Bereits die 1968 in Kraft getretene neue Verfassung der DDR hatte den Natur- und Landschaftsschutz zur Aufgabe für Staat und Gesellschaft erklärt. Nachdem noch unter Walter Ulbricht im Jahr 1970 ein Landeskulturgesetz erlassen worden war, wurden nun die notwendigen Ausführungsbestimmungen erlassen, und zugleich Institutionen zur Durchsetzung und Kontrolle geschaffen. 1972 bildete die DDR als einer der ersten Staaten der Welt ein Ministerium für Umweltschutz und Wasserwirtschaft.[94]

Umweltbewusstsein von oben

Wie kam es zu diesem Umdenken? Wenngleich die umweltpolitische Wende zeitlich mit der Liberalisierung und Demokratisierung der bundesdeutschen Gesellschaft nach 1968 zusammenfiel, war sie keine Folge zivilgesellschaftlicher Initiativen. Es gab zu dieser Zeit »weder eine aktive Umweltbewegung, noch reagierte die Bevölkerung auf Umweltbelastungen besonders sensibel«. Der Jurist Hans-Peter Vierhaus konstatiert vielmehr eine »Willensbildung ›von oben nach unten‹«.[95] 1970 gab es kein breites ökologisches Krisengefühl, und so wurde das Wecken von Umweltbewusstsein Teil der staatlichen Umweltpolitik.[96] Ein erster sichtbarer Schritt war die Ernennung von Bernhard Grzimek zum ehrenamtlichen Naturschutzbeauftragten der Bundesregierung. Er engagierte sich für einheitliche Naturschutzgesetze und errang Teilerfolge.[97] Das staatliche Agenda-Setting sorgte zudem teils direkt, teils indirekt dafür, dass das Thema Umwelt in den bundesdeutschen Medien stärker präsent wurde. Nach einer Erhebung des Deutschen Naturschutzrings wurden Umweltthemen im Jahr 1970 siebzehnmal (!) häufiger in Massenmedien thematisiert als im Jahr 1969.[98] Breitenwirkung fand das Umweltthema vor allem über das Fernsehen, dem Leitmedium der 1960er- und 70er-Jahre. Dokumentationen über Umweltgifte entwickelten oft Horror-Szenarien. Das schlug sich in einer Umfrage des Allensbach-Instituts im August 1971 nieder. 78 Prozent der befragten Bundesbürger glaubten, dass die Verschmutzung der Luft »immer ärger und gefährlicher für die Menschen« würde.[99]

Auch Tierfilme zogen nun neue Register. Anfang der 1970er-Jahre ging der investigative Tierfilmer Horst Stern einen Schritt weiter als Grzimek und verband die emotionale Kraft der Bilder von leidenden Tieren noch stärker mit wissenschaftlich fundierten Argumenten. Damit beförderte er die Verknüpfung der Themen Tier- und Umweltschutz.[100] Der Historiker Jens Ivo Engels sieht hier einen Wandel der Naturbilder. Die Darstellung bedrohter Natur wurde mit der Anprangerung von Tätern wie Industriellen und Politikern verbunden, was »eine wichtige Voraussetzung für den medialen Siegeszug des Umweltschutzgedankens« war.[101]

Der Staat trug nicht nur dazu bei, das »Umweltbewusstsein« vieler Bundesbürger zu wecken und das mediale Interesse zu steigern. Auch die Gründung des Dachverbands bundesdeutscher Umweltinitiativen (BBU) im Juni 1972 geschah mit Unterstützung durch Innenminister Genscher.[102] Wie und in welchem Umfang der Staat bzw. die FDP-nahe Friedrich-Naumann-Stiftung die Gründung des BBU finanziert haben, ist umstritten, aber allein die Tatsache, dass der BBU im Jahr 1974 zu großen Teilen staatsfinanziert war, unterstreicht die Rolle des Staates in der Anfangsphase. Bis 1977, als die im BBU zusammengeschlossenen Bürgerinitiativen zunehmend radikaler und staatskritischer auftraten, wurde der Dachverband auch durch einen FDP-Politiker, Hans-Helmuth Wüstenhagen, geleitet.[103] Der Jurist Klaus-Peter Vierhaus verglich das Regierungshandeln daher mit dem eines Zauberlehrlings, der die umweltbewussten Geister, die er rief, bald nicht mehr unter Kontrolle hatte.

Ganz ähnlich wie die Bundesregierung versuchte übrigens auch die SED-Führung, Umweltbewusstsein in der Bevölkerung zu wecken. So fanden in der DDR zwischen 1971 und 1974 »Wochen der sozialistischen Landeskultur« statt. Auch Massenorganisationen wie der Kulturbund oder die mit der Verbreitung naturwissenschaftlicher Kenntnisse befasste Organisation »Urania« machten auf Umweltprobleme aufmerksam. Zudem wurde die Umweltforschung gefördert.

Wende im Naturschutz

Ab 1970 kam es in der Bundesrepublik zu einer Wende im organisierten Naturschutz. Wie im Kaiserreich und während der NS-Herrschaft, so war Naturschutz auch nach dem Zweiten Weltkrieg eine konservative Angelegenheit gewesen. Seine Protagonisten vertraten völkische, eugenische oder sozialdarwinistische Ideen. Nun kam es zu einem Paradigmenwechsel: Naturschutz wurde nicht mehr als Bewahrung eines kulturell bedeutsamen Erbes, sondern als existenzielle Bedingung für die Fortexistenz der Menschheit verstanden. Ein Zitat von Bernhard Grzimek aus dem Jahr 1970 unterstreicht das: »Naturschutz ist Menschenschutz. Es muss endlich eingesehen werden, dass Naturschutz nichts mit Edelweißpflücken zu tun hat, sondern dass er eine Überlebensfrage für alle und für unsere Kinder ist.«[104] Mit dem erweiterten Bewusstsein änderte sich auch die politische Praxis. Alle wichtigen deutschen Umweltverbände wurden in den 1970er-Jahren gegründet oder neu formiert. Inhaltlich erweiterte sich das Spektrum um ökologische Probleme mit ihrer globalen Dimension und um zahlreiche Umweltschutzthemen inklusive Energie- und Verkehrspolitik, Stadtökologie und alternative Landwirtschaft.[105] Zudem gingen die Naturschützer zunehmend auf Konfrontationskurs gegenüber dem Staat, wurden Teil einer kritischen Öffentlichkeit und einer von der jungen Generation getragenen Protestkultur.

Insbesondere der 1975 formierte Bund für Umwelt und Naturschutz Deutschlands (BUND) »bildete gewissermaßen die Summe der Modernisierungsprozesse im Naturschutz«, so Engels.[106] Der BUND verband verschiedene Generationen, kombinierte klassische Vereinsarbeit mit dem Selbstverständnis von Bürgerinitiativen, betrieb Emotionalisierung ebenso wie Verwissenschaftlichung. Die Medienpräsenz wurde mit einer

Wikipedia, Mirdsson2

Waldjugend-Mitglieder befestigen einen Fledermaus-Wiederansiedlungskasten im Kaldenkircher Grenzwald.

professionellen PR-Strategie geplant und ein erster großer Erfolg, der weit in die Gesellschaft hineinwirkte, war die Aktion »Rettet die Vögel – wir brauchen sie«. Fünf Jahre nach seiner Gründung hatte der BUND bereits 55.000 Mitglieder, davon fast zwei Drittel in Bayern.[107] Als Vorsitzender wirkte von 1975 bis 1977 Herbert Gruhl, damals noch CDU-Mitglied. Gruhl war als Sachbuchautor bekannt, seine Tätigkeit im erneuerten Naturschutz verlieh ihm zusätzlich »street credibility«.

In der DDR hingegen bestand die traditionelle Trennung der ökologischen Bewegung in einen eher konservativen Naturschutz und einen gesellschaftskritischen Umweltschutz länger als in der Bundesrepublik fort. Weitgehend staatskonforme Naturschützer organisierten sich seit 1980 in der Gesellschaft für Natur und Umwelt (GNU), einem vom DDR-Umweltminister ins Leben gerufenen Dachverband für Natur- und Heimatvereine, die sich Themen wie Vogelschutz, Insektenkunde, Pilzkunde, Geologie, Wandern oder Höhlenforschung widmeten. Demgegenüber entstand unter dem Dach der evangelischen Kirche eine staatskritische unabhängige Umweltbewegung, deren Fokus auf der Umweltverschmutzung lag, während ihr Interesse an Naturschutz gering war.[108]

Eine neue »Aufklärung«

Der Begriff »Umweltbewusstsein«, der nach dem Zweiten Weltkrieg geprägt wurde, kam etwa zur gleichen Zeit auf wie ein neues Denken, das den Eigenwert der natürlichen Umwelt anerkannte. Für Joachim Radkau ist daher »Einsicht in Gleichgewichtsbedingungen der Umwelt, in innere Gesetzmäßigkeiten der ›Natur‹« der rationale Kern der Bewusstseinserweiterung, die sich am umweltgeschichtlichen Wendepunkt um 1970 ereignete.[109]

Warum geschah das gerade zu diesem Zeitpunkt? Möglicherweise hat es etwas mit dem von Ronald Inglehart beschriebenen postmateriellen Wertewandel zu tun. Inglehart zufolge war Umweltbewusstsein vor allem ein Wohlstandseffekt. Nachdem die Grundbedürfnisse in den Nachkriegsjahrzehnten befriedigt worden waren, gewannen immaterielle Werte wie »Lebensqualität« und »Selbstverwirklichung« gegenüber materiellen Werten an Bedeutung.

Aber warum wurde der Fokus dann ausgerechnet auf die Umwelt gerichtet? Neben gewachsenem Familieneinkommen und steigendem Bildungsgrad führte auch eine höhere Mobilität dazu, dass mehr Freizeit in der Natur verbracht wurde. Auch das könnte eine Sensibilisierung für Umweltveränderungen befördert haben.

Mitte des 20. Jahrhunderts kam es zu einer als »große Beschleunigung« wahrgenommenen Zuspitzung der menschengemachten Erdveränderung. Die Kohlenstoffdioxid-Konzentration nahm rasant zu, ebenso wie der Flächenverbrauch und die Abholzung der Regenwälder. Zugleich kam es zu massivem Artensterben und zum Rückgang der Fischbestände in den Meeren. Viele Wissenschaftler sehen darin den Beginn einer neuen Epoche, des Anthropozäns. Diese langfristigen, schleichenden Entwicklungen machten jedoch um 1970 nicht den Kern der Umweltdebatten aus, in denen es eher um Radioaktivität und toxische Chemikalien ging. Das lässt vermuten, dass ein Wandel der Gesundheitsängste zum neuen Umweltbewusstsein beigetragen haben könnte. In der Tat waren Krebsangst und Umweltengagement oft verknüpft, nicht nur bei den Debatten um das kanzerogene Dioxin, das im Entlaubungsmittel »Agent Orange« enthalten war, welches im Vietnamkrieg massenhaft versprüht wurde.

Vor allem aber war die Herausbildung von Umweltbewusstsein und Umweltbewegung eng mit der Entwicklung des Wissens verbunden. Schon die vielen an der Debatte beteiligten Wissenschaftler sorgten dafür, dass Intellekt eine größere Rolle spielte als Erfahrung und Emotionen.[110] Damit war die Umweltbewegung der 1970er im Kern, so Radkau unter Berufung auf den US-Ökonomen Jeremy Rifkin, »eine neue Aufklärung«.[111]

Grenzen des Wachstums

»Jede nationale Bemühung um den Umweltschutz kann nur Teil einer koordinierten internationalen Umweltschutzpolitik sein«, betonte Bundesinnenminister Hans-Dietrich Genscher auf der Umweltkonferenz der Vereinten Nationen im Jahr 1972 in Stockholm: »Was wir heute brauchen, ist ein umweltpolitisches Gesamtkonzept, das in allen Teilen der Gesellschaft Umweltbewusstsein und eine neue Umweltmoral durchsetzt.«[112] Die Konferenz hatte aufgrund divergierender nationaler Interessen kaum greifbare Resultate; die hier propagierte Erkenntnis, dass die natürliche Umwelt des Menschen internationaler Schutzanstrengungen bedurfte, setzte sich nur langsam durch.

Wirkungsvoller als Politikerworte war eine Publikation, die nach Einschätzung des Politikwissenschaftlers Martin Jänicke das bis heute »umweltpolitisch erfolgreichste Informations-Ereignis« darstellte.[113] Anfang 1972 war der so genannte »Bericht des Club of Rome« mit dem Titel »Die Grenzen des Wachstums« publiziert worden. Der Club of Rome war ein 1968 gegründeter elitärer Kreis, der nach Lösungen für das globale Ungleichgewicht suchte. Der Bericht selbst wurde von der deutschen VW-Stiftung finanziert und am Massachusetts Institute of Technology (MIT) in Boston erarbeitet. Spätestens nach seiner Publikation »war die Dringlichkeit des Ressourcen- und Umweltproblems Allgemeingut in der deutschen und internationalen Presse«.[114] Die Studie trug dazu bei, den Glauben an wirtschaftliches Wachstum und technischen Fortschritt nachhaltig zu erschüttern. Wenn sich die aktuellen Trends von Bevölkerungswachstum, Industrialisierung, Nahrungsmittelproduktion, Umweltausbeutung und -verschmutzung fortsetzen würden, dann, so die Prognose, würde die Erde in 100 Jahren die absoluten Wachstumsgrenzen erreichen.

Dass die Ressourcen der Menschheit begrenzt waren, war damals keine neue Erkenntnis. Warnungen vor unbegrenztem Bevölkerungswachstum hatte es im frühen 19. Jahrhundert immer wieder gegeben, das war längst Teil konservativer Zivilisationskritik. Auch dass Wachstums- und Umweltpolitik sich widersprachen, war bekannt. Eine Reihe von Sachbüchern hatte zuvor bereits die Gefahr einer ökologischen Katastrophe beschworen. Als der Bericht an den Club of Rome erschien, war die Öffentlichkeit also schon sensibilisiert. Auch eine kritische Zukunftsforschung gab es bereits. Die Futurologie war seit Ende der 1960er-Jahre dabei, sich zur seriösen Disziplin zu entwickeln, und deren Zukunftsszenarien rückten Risiken von Atomenergie und Bevölkerungsexplosion ins Blickfeld.

Neu waren am Bericht des Club of Rome nicht die Themen, sondern der Anspruch auf exakte Wissenschaftlichkeit. Statt vage Zivilisationskritik zu äußern, wie das bisherige Publikationen getan hatten, ließ der Bericht mathematische Computermodelle sprechen. Damit profitierte der Bericht vom Nimbus des damals noch neuen Computers und nutzte eine Art und Weise der Problemlösung, die gerade um 1970 hoch im Kurs stand. Die aus heutiger Sicht größte Schwäche des Berichts, nämlich dass er auf technokratische Weise Probleme als vollständig erkennbar und leicht steuerbar präsentierte, begründete damals seine Wirkung. Die Computersimulationen legten nahe, dass ein technisch nachsorgender Umweltschutz nicht ausreichen würde, um die Umweltkrise zu bewältigen. Statt prinzipiell gegen die Natur zu leben, lautete die neue Devise, mit der Natur zu leben und ökologische Gleichgewichte möglichst wenig zu stören.

Der Bericht wurde in 37 Sprachen übersetzt und erreichte eine weltweite Auflage von 12 Millionen Exemplaren. 1973 erhielt der Club of Rome sogar den Friedenspreis des Deutschen Buchhandels, dabei war das Echo keineswegs nur zustimmend. So entschied sich der SPIEGEL am 15. Mai 1972 unter der Überschrift »Weltuntergangsvision aus dem Computer«, eher den Kritikern zu folgen, die das Buch als »hohles und irreführendes Werk« verrissen. Diese bissen sich zumeist an Details fest, wie der zu niedrig angesetzten Menge der globalen Erdölvorkommen. Damit verkannten sie, so der Umwelt- und Technikhistoriker Patrick Kupper, den Hauptzweck der Studie, der nicht darin bestand, exakte Prognosen aufzustellen, sondern »Kenntnisse über die grundsätzlichen Verhaltensweise des Systems ›Welt‹ zu generieren«.[115] Es ging also um eine Trendprognose und hier bewies die Studie Weitblick. So hieß es, dass Umweltprobleme zum entscheidenden limitierenden Faktor würden, falls die Rohstoffvorräte der Welt größer wären als angenommen.[116] Die Studie vertrat zudem nicht nur die Idee, dass ein »Weiter so« in den Untergang führe, sie entwarf konkrete Alternativen und Handlungsstrategien. Daher fand der Bericht rasch Eingang in die Politik.

Zur breiteren Popularisierung des Umweltgedankens in Deutschland trug ein Sachbuch bei, das 1975 erschien. Der Autor Herbert Gruhl prangerte unter dem Titel »Ein Planet wird geplündert – Die Schreckensbilanz unserer Politik« den Raubbau an den natürlichen Lebensgrundlagen durch immer mehr Wirtschaftswachstum an und forderte, dass der Mensch »von den Grenzen unserer Erde ausgehend denken und handeln« müsse. Gruhl plädierte für eine Ethik des Verzichts, eine Abkehr vom anthropozentrischen Weltbild und von rücksichtsloser Technik-Euphorie. Er kombinierte Zahlen und Statistiken mit Zitaten und Analysen, »untermalt von einem tiefdunklen, apokalyptischen Grundton«.[117] Das Buch wurde in der Bundesrepublik zum Bestseller und gilt heute als Klassiker der Umweltliteratur. Silke Mende sieht in dem Buch, neben den »Grenzen des Wachstums«, »die maßgebliche Veröffentlichung« der bundesdeutschen Ökologiediskussion.[118] Es erreichte nach seinem Erscheinen 16 Neuauflagen und wurde innerhalb von drei Jahren 240.000 mal verkauft. Herbert Gruhl selbst legte sein CDU-Bundestagsmandat nieder und gehörte zu den Gründungsvätern der »Grünen«.

Ein Ereignis, das der Idee eines begrenzten Wachstums Nachdruck verlieh, war die Ölkrise im Jahr 1973. Infolge des israelisch-arabischen Jom-Kippur-Krieges stieg der Ölpreis auf das Dreifache. Die daraus resultierende Wirtschaftskrise erschien vielen als Bestätigung des Berichts des Club of Rome. Angesichts des durch den Ölschock ausgelösten Konjunktur-Einbruches verpuffte allerdings auch der umweltpolitische Elan der sozialliberalen Bundesregierung. Umweltschutz erschien vielen jetzt als teure Angelegenheit. Die Ausführung der neuen Gesetze stieß auf Widerstand bei Wirtschaft, lokaler Bürokratie und auch in der Zivilgesellschaft. So wurde ein durch die Ölkrise 1973 ausgelöstes Tempolimit auf deutschen Autobahnen rasch wieder aufgehoben, in diesem Zusammenhang prägte der ADAC den Slogan »Freie Fahrt für freie Bürger«. Bernhard Grzimek spürte, dass Naturschutz ins Hintertreffen geriet und trat 1973 als Umweltbeauftragter zurück.[119] Bundeskanzler Helmut Schmidt besiegelte die Abkehr von der Umweltpolitik im Sommer 1975, als er im Interesse von Wachstum und Wirtschaft die umweltpolitischen Maßnahmen einschränkte.[120] Sowohl Industrieverbände wie auch SPD und Gewerkschaften setzten angesichts der Ölkrise auf die scheinbar saubere und billige Kernenergie.

Auch in der DDR vollzog die SED aus wirtschaftlichen Gründen eine Kehrtwende. Die Wissenschaft, die weltweit als Protagonist der Umweltbewegung wirkte, wurde als umweltpolitischer Akteur kalt gestellt. 1976 wurde der bei der Akademie der Wissenschaften geschaffene Umweltrat aufgelöst. Solche Veränderungen hatten in der SED-Diktatur Signalcharakter: sie machten klar, dass Umweltschutz keine Priorität hatte. Und so wurden die zahlreich erlassenen Vorschriften in der Folgezeit nur sehr zögerlich umgesetzt. Ein Beispiel: 1973 war beschlossen worden, für jeden Betrieb, der Schwefeldioxid emittierte, Höchstgrenzen festzulegen. 1986 hatten aber erst 60 Prozent einen diesbezüglichen Bescheid erhalten. Und kontrolliert wurde die Einhaltung mangels verfügbarer Messgeräte kaum.[121] Immerhin zahlten volkseigene Betriebe Strafgelder wegen der von ihnen verursachten Umweltverschmutzung, aber zu Veränderungen führte das selten. Die globale Ölkrise, welche

ullstein bild / ADN-Bildarchiv 00323534

Abwasserkanal mit Schaum an den Chemischen Werke Buna bei Halle (Saale), Anfang 1990.

die DDR mit Verspätung etwa um das Jahr 1977 erreichte, leitete eine Verschlimmerung der Situation ein. Das durch geringere Lieferungen aus der Sowjetunion fehlende Öl musste durch einheimische, oft stark schwefelhaltige Braunkohle ersetzt werden. Damit verschlechterte sich die Umweltsituation in bestimmten Regionen. Gegen Ende der 1970er-Jahre betrug die Schwefeldioxidbelastung pro DDR-Einwohner 236 kg, im Vergleich zu nur 58 in der Bundesrepublik.[122] In den 1980er-Jahren steigerte die DDR die Braunkohlenförderung, allein zwischen 1980 und 1985 um 20 Prozent.[123] Die Kohlekraftwerke liefen auf Höchstleistung. Die SED glaubte es sich wegen der angespannten wirtschaftlichen Situation nicht leisten zu können, aus der Zeit vor 1945 stammende und besonders verschmutzende Kraftwerke abzuschalten. Die Ausgaben für Emissionsschutz stagnierten, sodass die Belastung mit Schwefeldioxid in den 1980er-Jahren nochmals um fast ein Viertel anstieg.

Wie in anderen sensiblen Bereichen auch, bestand die Reaktion der SED vor allem darin, Informationen zurückzuhalten und Zensur auszuüben. Schon ab 1974 begann ein restriktiverer Umgang mit Umweltdaten, der bis 1984 stufenweise verschärft wurde. So beschloss der Ministerrat im November 1982, alle Umweltdaten geheim zu halten, und klassifizierte die Daten nach Brisanz in verschiedene Geheimhaltungsstufen mit Sperrfristen bis zu 15 Jahren. Aufgrund der Grenzwertüberschreitung fielen ab 1984 fast alle Daten in die am strengsten geheim zu haltende Kategorie.[124]

Bürgerinitiativen

Während es in der DDR einige Zeit dauerte, bis sich eine unabhängige Umweltbewegung herausbildete, übernahm in der Bundesrepublik bereits ab Mitte der 1970er-Jahre die Bürgerbewegung die Rolle des Protagonisten. Der erste Impuls zur Weckung von Umweltbewusstsein in breiteren Bevölkerungsschichten, der zunächst vom Staat ausgegangen war, hatte mit zahlreichen Gesetzen einen ambitionierten Zielhorizont geschaffen. Nun war es der nachlassende Elan der Regierung Schmidt und der Unterschied zwischen Anspruch und Durchsetzung, die das Erstarken zivilgesellschaftlicher Umweltinitiativen anfachte. Hierbei vollzog sich eine Politisierung des Naturschutzes in Richtung Gesellschaftskritik.[125] Waren Naturschützer bisher moderat vorgegangen und hatten informelle Absprachen mit Behörden und Regierung getroffen, so wurden nun radikale Protestformen, die durch die Anti-Atomkraftbewegung entwickelt wurden, bald auch zum Kennzeichen neuer Umweltorganisationen wie etwa Greenpeace.

Parallel begann die Blütezeit der Bürgerinitiativen. Mitte der 1970er-Jahre gab es in der Bundesrepublik etwa 4000. Die geschätzte Zahl der aktiven Mitglieder betrug etwa eine Viertelmillion, davon waren etwa die Hälfte Umweltschützer.[126] Als Dachverband von etwa 250 lokalen Initiativen gab es ab 1972 den »Bundesverband Bürgerinitiativen Umweltschutz« (BBU). Der Verband wirkte bis etwa 1980 als das »Sprachrohr der bundesdeutschen Umweltbewegung«.[127] Organisiert nach dem Prinzip der Graswurzelrevolution, setzte er auf fachliche Kompetenz, die er vor allem gegenüber staatlichen Stellen einbrachte. In seinem Umfeld entstand ab 1975 auch das erste deutsche Öko-Institut in Freiburg. Theoretisch hätte der BBU eine Protostruktur für die »Grünen« bieten können, die Anfang

1980 gegründet wurden. Praktisch verlief die Entwicklung aber anders. Wenngleich einzelne Akteure des BBU, so Petra Kelly und Roland Vogt, 1979 zu den Europawahlen kandidierten, herrschte im BBU große Zurückhaltung gegenüber Parteien.[128]

Auch die bundesdeutschen Linken standen einer Parteigründung abwartend gegenüber. Das wachsende Umweltbewusstsein wurde auf der politischen Linken skeptisch beurteilt. In seiner »Kritik der politischen Ökologie« interpretierte Hans Magnus Enzensberger die Warnungen vor Umweltzerstörung vor allem als Ausdruck reaktionärer Ideologie und sah dahinter wirtschaftliche Interessen eines ökologisch-industriellen Komplexes. Zugleich erkannte Enzensberger immerhin an, dass es ein ökologisches Problem gab, dem sich die Linke stellen müsse.[129] Ein Stolperstein auf dem Weg der Linken zur Umweltpolitik war jedoch der tief verwurzelte Fortschrittsglaube. Jeglicher Zweifel am Wachstum galt als reaktionär, weil damit auch der Wohlstand der Bevölkerungsmehrheit in Frage gestellt würde.

Zugleich gab es jedoch auch in der Linken grüne Tendenzen. So entstanden gegen Ende der 1970er-Jahre in mehreren Großstädten linksalternative Wahlbewegungen, die sich als radikale Alternative zu den etablierten Parteien der Bundesrepublik verstanden. Eines der zentralen Ziele dieser Wahllisten war der radikale öko-sozialistische Systemwechsel. Aber der Gründung einer Partei standen auch sie skeptisch gegenüber.

Anti-Atomkraft-Bewegung

Eine wichtige Rolle für die zunehmende Ökologisierung vieler linker Gruppen spielte die Anti-Atomkraft-Bewegung, die zunächst auch Impulse aus politisch eher rechts stehenden Organisationen wie dem Weltbund zum Schutz des Lebens erhielt. Die Massivität der Anti-AKW-Bewegung in Deutschland wird oft als deutscher Sonderweg angesehen.[130] Doch fand die erste große Anti-AKW-Demo nicht in Deutschland, sondern in Frankreich statt, und zwar im Jahr 1971, gegen die Baupläne des Kraftwerks Fessenheim.

Mit dem Protest gegen die friedliche Nutzung der Atomkraft bekamen Umweltproteste eine völlig neue Dimension, da sie sich nicht (wie Heimatschutz und traditioneller Naturschutz) gegen etwas sinnlich Wahrnehmbares, sondern gegen etwas Unsichtbares, das noch dazu mit einem hypothetischen Risiko behaftet war, richteten. Man muss hier bedenken, dass es 1970 noch keine größeren Reaktorkatastrophen wie Tschernobyl oder Fukushima gegeben hatte.[131]

Der Protest in Fessenheim war aufgrund des nationalen Interesses Frankreichs an der Nutzung der Kernenergie und der zentralistischen Genehmigungsstrukturen nicht erfolgreich. Anders war das wenig später in Deutschland, das durch die föderalistischen Strukturen bessere Erfolgsaussichten für Proteste bot.[132] Hier gelang der Anti-AKW-Bewegung eine umweltpolitische Massenmobilisierung. Allein im Jahr 1977 beteiligten sich bis zu 400.000 Menschen an Demonstrationen gegen die Atomkraft.

Es waren die oft mit gewaltsamen Konfrontationen verbundenen Proteste gegen Bauprojekte der Atomindustrie in Brokdorf, Gorleben oder Grohnde, die die Radikalisierung der Umweltbewegung zu einer staatskritischen Bewegung

Wikipedia, Hans Weingartz

Anti-AKW-Demonstration im Bonner Hofgarten am 14. Oktober 1979.

besiegelten. Hier »entdeckten« linke Gruppierungen die Umweltbewegung als Teil ihrer politischen Agenda. Die Anti-AKW-Bewegung bot zugleich einen gemeinsamen Erfahrungshintergrund für Linke und Konservative, der künftige Allianzen ermöglichte. Insbesondere die Proteste gegen ein geplantes Atomkraftwerk im baden-württembergischen Wyhl vereinte »wertkonservative Naturschützer und systemoppositionelle Linke, enttäuschte Sozialdemokraten und versprengte K-Grüppler und sorgte für einen weiteren Aufschwung der seit Beginn der siebziger Jahre überall im Lande anwachsenden Bürgerinitiativen, die in der Auseinandersetzung um von staatlichen Planungen berührte Umweltbelange ihren besonderen Schwerpunkt hatten.«[133]

Besonders an Wyhl war, dass das Gros der Protestierenden nicht aus angereisten Städtern bestand. Vielmehr wurden die Proteste von Bürgerinitiativen getragen, die sich auf die Unterstützung der ortsansässigen Bevölkerung stützen konnten. Die Gemeindeverwaltungen flankierten den Protest. Auch eine Jagdgenossenschaft und die evangelischen

Pfarrer der Gegend stützten den Widerstand. Die lokalen Akteure verfolgten ähnliche Ziele wie die Heimatschützer um 1900. Sie wollten vor allem die Industrialisierung ihrer ländlichen Gegend verhindern. Zugleich wurde die Besetzung des Bauplatzes von städtischen Bürgerinitiativen getragen, und auch von linksradikalen Studenten aus Freiburg, die kommunistischen Splittergruppen angehörten, sowie von einer feministischen Gruppe, die ihren Umweltprotest vor allem als antikapitalistische Aktion verstanden. Der besetzte Bauplatz in Wyhl wurde zum sozialen Laboratorium und kann als Keimzelle späterer Umweltschutzallianzen gelten. Hier weitete sich, so Joachim Radkau, »die Anti-AKW-Bewegung vom Ein-Punkt-Protest zu einer Umweltbewegung im umfassenden Sinne«.[134]

Parteigründung

Die als Erfolg wahrgenommene Bauplatzbesetzung in Wyhl[135] war ein ermutigendes Zeichen für die parteipolitischen Organisationsbestrebungen der Umweltbewegung. Nach einigen Koordinierungstreffen wurde die »Sonstige Politische Vereinigung (SPV) DIE GRÜNEN« gegründet, die erstmals bei der Europawahl im März 1979 antrat. Das war eine wichtige organisatorische Vorstufe der Umweltpartei. Zu dem Bündnis verschiedener grüner Organisationen hatten sich politisch gemäßigte Umweltaktivisten zusammengeschlossen. Diese vertraten zwar auch basisdemokratische und emanzipatorische Ideen, sahen sich aber vor allem als bürgerliche Reformer. Die Liste erreichte bei der Europawahl im März 1979 ermutigende 3,2 Prozent der Stimmen. In Baden-Württemberg und Bayern, wo wert-konservative Umweltschützer dominierten, entstanden bereits Monate bevor die Partei auf Bundesebene gegründet wurde, Landesverbände der Grünen.

Parallel dazu tobten in den bunt-alternativen Wahllisten, die im Norden und in Berlin entstanden waren, noch heftige

ullstein bild 00137862, Klaus Mehner

Gründungsparteitag der Partei »Die Grünen« in Karlsruhe am 12. und 13. Januar 1980.

Debatten. In Bremen traten im Herbst 1979 zwei getrennte Listen an. Während die »alternative Liste« nur 1,4 Prozent erreichte, zog die gemäßigte »Bremer Grüne Liste« mit 5,1 Prozent als erste grüne Wahlliste in ein Parlament ein.[136] Das war ein weiteres ermutigendes Zeichen für die gemäßigt-konservativen Politiker der »SPV Die Grünen«. Daher pochten die Protagonisten einer Parteigründung auf ihren organisatorischen Vorsprung. Von einer Position der Stärke aus setzten sie durch, dass Linksalternative der grünen Proto-Partei nur als Einzelpersonen beitreten konnten, was im Dezember 1979 massenhaft geschah. Dadurch stieg die Mitgliederzahl der in Gründung befindlichen Partei binnen zwei Monaten von 2.800 auf 12.000.[137]

Von Anfang an sorgte die heterogene politische Zusammensetzung der Grünen für heftige Kontroversen. So erinnerte sich Petra Kelly rückblickend:

> *»Ich weiß noch, dass Baldur Springmann, Herbert Gruhl und andere großes Bauchweh hatten mit Themen wie Südafrika, Rüstung und Dritte Welt, Feminismus usw. [...] Aber [...] da war zugleich auch der gute Wille, es mit großer Toleranz gemeinsam zu schaffen, damit ein Herbert Gruhl es aushält mit einem ehemaligen Mitglied vom Kommunistischen Bund in Hamburg und umgekehrt.«*[138]

Herbert Gruhl wiederum äußerte: »Es kommt jetzt nicht mehr darauf an, die Welt zu verändern, sondern wir müssen sie bewahren. Darum sind wir, die Gegner der Atomkraftwerke, der Neutronenbombe und der totalen Industrialisierung, die wahren Konservativen dieser Zeit.«[139] Die implizite Anspielung an Karl Marx war Gesprächsangebot an die Linken und klare Positionierung zugleich.

Die gemeinsame Überzeugung, es mit einem existenziellen Problem zu tun zu haben, förderte Lernprozesse auf beiden Seiten. So übernahmen linke Umweltschützer die Kritik an den ökologisch destruktiven Folgen des Wirtschaftswachstums und des Massenkonsums, während Konservative sich Themen wie Staatsskepsis und Bürgerrechten zuwandten.[140] Dass Andersdenkende als Partner und Mitstreiter respektiert wurden, beruhte auf gemeinsamen Erfahrungen in Umwelt-Protestbewegungen, die auch bisherige Überzeugungen ins Wanken gebracht hatten. Einerseits entwickelten linke Akteure das Konzept des »Öko-Sozialismus«. Und ehemalige Maoisten wie Winfried Kretschmann oder »Spontis« wie Joschka Fischer gehörten bald zum gemäßigten Flügel der Grünen. Andererseits wurden konservative Akteure wie der Öko-Bauer Baldur Springmann, der vor Gericht seine Bürgerrechte verletzt sah, oder Herbert Gruhl, der 1977 angesichts der bürgerkriegsähnlichen Polizeieinsätze gegen die Anti-AKW-Bewegung an der Angemessenheit staatlicher Maßnahmen zu zweifeln begann, zunehmend staatskritisch.[141]

Mit der Gründung der grünen Partei wurde, so Jens Ivo Engels, »ein seit 1900 patriarchalisches, von alten Männern dominiertes, elitäres, konservatives, staatsnahes, teilweise neuromantisches, teilweise technokratisches Projekt binnen weniger Jahre gesellschaftlich umgedeutet [...] in ein antietabliertes, antitechnokratisches, staatskritisches und radikalreformerisches Anliegen«.[142]

Aber das Miteinander war nur ein Durchgangsstadium, ein instabiler Zustand, der bald wieder gekippt wurde. Schon zwei Monate nach der im Januar 1980 erfolgten Parteigründung kam es beim Programmkongress in Saarbrücken zu einem Linksschwenk der Partei, was auch der Tatsache geschuldet war, dass es überwiegend junge Menschen waren, die sich der Partei angeschlossen hatten. Die Partei positionierte sich mit radikalem Pazifismus und sozialen Forderungen wie der 35-Stunden-Woche nun eindeutig links von der SPD. Zugleich wurden in umweltpolitischer Hinsicht die Weichen in Richtung Reformismus gestellt. Eine wichtige Entscheidung war die Ablehnung des von Herbert Gruhl geforderten Nullwachstums zugunsten der Formel eines »qualitativen Wachstums«. Vergeblich formierte Gruhl eine »Arbeitsgemeinschaft Ökologische

Politik«, die grüne Politik auch zu Lasten von Sozialstaat und bürgerlichen Freiheiten einforderte. Die in umweltpolitischer Hinsicht radikaleren Konservativen konnten sich gegen die linke Mehrheit nicht durchsetzen.

Neben inhaltlichen Differenzen, die zum Beispiel auch hinsichtlich der Abtreibungsfrage akut wurden, war es auch der Politikstil, der Gruhl und andere Konservative von der grünen Mehrheit entfremdete. Während Gruhl eine konventionelle Partei mit alternativen Inhalten wollte, plädierte Petra Kelly für die Schaffung einer »Anti-Parteien-Partei«. Das konnten und wollten einige Gründungsväter der Grünen wie Herbert Gruhl und Baldur Springmann auf die Dauer nicht mittragen und verließen die Partei. Gruhl gründete 1982 die bürgerlich-konservative Ökologisch-Demokratische Partei, als deren Vorsitzender er bis 1989 wirkte.

Die »Grünen« führten indes weiter, was 1970 zunächst als staatliches Projekt begonnen hatte. Zentrale Ideen des umweltpolitischen Programms der Bundesregierung fanden sich im Programm der Grünen wieder: Der Mensch als Teil der Natur, die Forderung nach lokalen Stoffkreisläufen, der Abschied vom rücksichtslosen Materialismus und die Einheit von Naturschutz und Gerechtigkeit.

Süddeutsche Zeitung Photo 00303352, Fritz Neuwirth

Wahlplakat der Partei DIE GRÜNEN zur Landtagswahl in Bayern, 1982.

Umweltbewusstsein in der DDR

Während im Westen Tausende Bürgerinitiativen entstanden, und 1980 die »Grünen« gegründet wurden, gab es in der DDR Ansätze zu einer Umweltbewegung nur in Nischen, vor allem unter dem Dach der Kirche. Den mehr als 100.000 in Bürgerinitiativen engagierten Bundesbürgern standen weniger als 1000 Mitglieder kirchlicher Umweltgruppen in der DDR gegenüber. Allerdings verringert sich dieser krasse Gegensatz, wenn man die 50.000 Mitglieder der staatlichen »Gesellschaft für Natur und Umwelt« (GNU) mit berücksichtigt. Selbst wenn hier nicht alle als Umweltschützer gelten können, denn die GNU hatte auch Sektionen wie Geologie, Gartenarchitektur und Wandern, kann doch gefolgert werden, dass es auch in Teilen der DDR-Bevölkerung ein ausgeprägtes Umweltbewusstsein gab.

Die evangelische Kirche griff das Umweltthema schon zu Beginn der 1970er-Jahre auf. Ein Pionier der kirchlichen Umweltarbeit war Hans-Peter Gensichen, der ab 1975 das Kirchliche Forschungsheim in Wittenberg leitete. Hier fanden Seminare statt, es entstanden Ausstellungen und Publikationen. Arbeitskreise diskutierten Themen wie ökologische Landwirtschaft, Technologiefolgenabschätzung und Wissenschaftsethik und publizierten hier.[143] Während das Forschungsheim die Umweltbewegung vor allem durch globalethische Debatten prägte, schufen kirchliche Umweltgruppen eine «Gegenöffentlichkeit». Die Zahl dieser Gruppen stieg im Verlauf der 1980er-Jahre auf 60 bis 65. In 54 Orten engagierten sich ca. 850 Mitglieder.[144] Anstoß nahmen sie oft an der Verleugnung der Umweltprobleme durch die SED. Damit wurde der Protest gegen verseuchte Flüsse immer mehr zu einem Protest »für das Recht, über verseuchte Flüsse öffentlich sprechen zu können und politisch für ihre Beseitigung durch demokratische Partizipation kämpfen zu können«.[145] Nur selten konnten Aktionen im öffentlichen Raum stattfinden. Im Mai 1984 beispielsweise veranstalteten zwei Jugendpfarrer gemeinsam mit dem Umweltaktivisten Michael Beleites ein »Umweltwochenende« in Bitterfeld, zu dem 150 Teilnehmer anreisten. Bei einer »öffentlichkeitswirksamen Wanderung« am Zaun des Chemiekombinats Bitterfeld trugen einige Teilnehmer demonstrativ Tücher vor dem Mund.[146]

Umweltgruppen nutzten auch offizielle Wege, insbesondere Eingaben. So forderte im Oktober 1983 eine von 56 Personen unterzeichnete Eingabe an das DDR-Ministerium für Umweltschutz und Wasserwirtschaft »die Offenlegung aller vorhandenen Studien zu Waldschäden im Erzgebirge sowie eine öffentliche Diskussion« darüber. Immerhin kam danach ein Gesprächstermin im Ministerium mit zwei Unterzeichnern zustande.[147]

Ein Beispiel langfristigen kirchlichen Umweltengagements bietet das Christliche Umweltseminar Rötha, das 1981 im dortigen Pfarrhaus gegründet wurde. Der Ort liegt südlich von Leipzig zwischen Espenhain und Böhlen. Die Umwelt war in dieser Gegend durch Braunkohlentagebau, Kohlekraftwerke und Chemiebetriebe besonders stark beeinträchtigt. Inspiriert vom Wirken des kirchlichen Forschungsheims in Wittenberg organisierten die christlichen Umweltschützer Baumpflanzaktionen, schrieben Eingaben, um die Versorgung mit Gemüse und Obst zu verbessern und versuchten, Informationen über die gesundheitlichen Schäden in der Bevölkerung zu sammeln. Seit 1983 fanden jährlich Umweltgottesdienste statt, zu denen sowohl kirchliche als auch staatliche Vertreter geladen wurden. Neben Informationstafeln und Diskussionsforen wurden auch Wanderungen durch zerstörte Landschaften organisiert. Eine besonders originelle Aktion war die symbolische Aktion »Eine Mark für Espenhain«, eine Petition, bei der alle Unterzeichner eine Mark für die Sanierung des Braunkohlekraftwerks spendeten. Im März 1989 waren bereits 13.000

Bundesarchiv Bild 183-1990-0117-024, Klaus Oberst

Die Berliner Umweltbibliothek im Januar 1990.

Unterschriften zusammen gekommen, bis Ende des Jahres waren es 100.000.

Über diese lokalen Aktionen hinaus entstand auch ein informelles Netzwerk der Umweltgruppen. In Schwerin gab es seit 1981 jährliche Ökologieseminare, in Berlin und Wittenberg ab 1983. Im Jahr 1986 wurde die Umweltbibliothek im Keller der Berliner Zionskirche gegründet. Damit entstand zugleich ein Kommunikationszentrum der politischen Opposition. Die hier herausgegebenen Umweltblätter erreichten eine Auflage von 4.000 Stück.

Alternativ zur anarchistisch ausgerichteten Umweltbibliothek bildete sich im Januar 1988 zudem das grün-ökologische Netzwerk Arche. Der Kreis um den Berliner Bürgerrechtler und

Umweltschützer Carlo Jordan versuchte, der unabhängigen DDR-Umweltbewegung eine verbindlichere Organisationsstruktur zu geben. Kurzfristig war das schwierig, weil das von Umweltaktivisten oft als Vereinnahmung angesehen wurde, aber immerhin ging aus dieser Gruppe im Herbst 1989 die Grüne Partei der DDR hervor.

Obwohl die kirchliche Umweltbewegung der DDR den westdeutschen Bürgerinitiativen der 1970er-Jahre sowohl in den Zielen als auch im Habitus ähnelte, unterschieden sich die Einflussmöglichkeiten erheblich. So war das Risiko, für Umweltengagement kriminalisiert und strafrechtlich verfolgt zu werden, in der DDR sehr hoch. Schon der Versuch, Daten über Umweltverschmutzung zu recherchieren, um sie an bundesdeutsche Journalisten weiterzugeben, konnte als »Landesverräterische Nachrichtenübermittlung« mit bis zu 12 Jahren Haft bestraft werden. Dennoch gelang es einigen mutigen Aktivisten, Umweltschäden zu dokumentieren und das Wissen darüber zu verbreiten. Die Berliner Umweltbibliothek hatte sich von ARD-Journalisten eine Videokamera ausgeliehen, mit der mehrfach Filmaufnahmen gemacht wurden, die dann zur Grundlage von im Westfernsehen ausgestrahlten Reportagen wurden.[148] Auch die Umweltaktivisten der »Arche« verbreiteten brisante Informationen über die Umweltsituation in der DDR. Sie initiierten die spektakuläre ARD-Dokumentation »Bitteres aus Bitterfeld«, die dazu beitrug, dass Bitterfeld zur Chiffre für die katastrophale DDR-Umweltsituation wurde.

Demgegenüber legten es die meisten Umweltgruppen, anders als im Westen, nicht darauf an, Konflikte mit dem SED-Staat zu provozieren, sondern versuchten vor allem, kritisches Umweltbewusstsein zu schaffen.[149] Das Spektrum der Aktivitäten reichte von Baumpflanzaktionen bis zu symbolischer Kritik. Selbst das war riskant, wie drei Umweltaktivisten erfuhren. Sie wollten zu Weihnachten 1983 abgestorbene Fichten aus dem Erzgebirge, wo die Schädigung durch Schwefeldioxid besonders stark war, in Potsdamer Kirchen aufstellen. Bevor sie das tun konnten, wurden sie von der Staatssicherheit

Wikipedia, Aalfons – Jordan/Kloth

Titelblatt der DDR-Umweltzeitschrift »Arche Nova« Heft 1/1988 mit dem Schwerpunktthema Bitterfeld. Arche Nova. Basisdruck, Berlin 1995, S. 185.

verhaftet. Nur dank der Androhung des Superintendenten, ihre Namen bei den Weihnachtsgottesdiensten zu verlesen, waren sie am Heiligabend wieder zu Hause.[150]

In den letzten Jahren der DDR wagten immer mehr Umweltgruppen, mit öffentlichkeitswirksamen Aktionen gegen Naturzerstörung zu protestieren. So organisierten Umwelt- und Menschenrechtsgruppen in Leipzig am 5. Juni 1988 einen »Pleiße-Gedenkumzug«, an dem sich 230 Menschen beteiligten. Der Umweltprotest forderte eine Renaturierung der Pleiße, die stinkend und giftig weitgehend als unterirdischer Kanal durch die Stadt floss. Im folgenden Jahr sollte ein erneuter Marsch stattfinden, zu dem sich etwa 1000 Teilnehmer am Treffpunkt in Connewitz einfanden. 150 von ihnen marschierten trotz Verbots los, wurden jedoch von einer Polizeikette aufgehalten. 83 Teilnehmer wurden verhaftet und mit Bußgeldern bestraft.

Zur gleichen Zeit, es war der Weltumwelttag 1989, gelang es kirchlichen Umweltaktivisten in Halle, den Sicherheitskräften ein Schnippchen zu schlagen. Die Mitglieder der Ökologischen Arbeitsgruppe des Kirchenkreises Halle arrangierten zwei Aktionen zur gleichen Zeit. Zum einen fand an der stinkenden und schäumenden Saale ein demonstratives Schauangeln statt, bei dem ein Transparent mit der Aufschrift »Wir wollen nicht mehr im Trüben fischen« entrollt wurde. Das Plakat erregte wie erwartet die Aufmerksamkeit der Staatsmacht und führte zu polizeilichen Kontrollen. Zugleich befestigte ein kleiner Trupp, getarnt als Bauarbeiter, ein großes Transparent mit dem Spruch »Wir haben diese Erde nicht geerbt sondern von unseren Kindern geliehen« an der Hochstraße, die Halle und Halle-Neustadt verbindet. Aus sicherer Entfernung dokumentierten mehrere Fotografen die Aktion, bevor die Polizei eintraf.

Solche mutigen Aktionen unabhängiger Umweltgruppen waren allerdings ein Randphänomen der DDR-Gesellschaft. Wie war es um das Umweltbewusstsein der schweigenden Mehrheit bestellt? Der Historiker Tobias Huff glaubt, dass die DDR-Bevölkerung auf die westliche Warenwelt fixiert gewesen sei: »Umwelt und Waldschäden blieben in der von Industriearbeit geprägten DDR-Gesellschaft ein Randthema«.[151] Der damalige Umweltaktivist Michael Beleites weist zudem auf die Befangenheit und Verstrickung der Bevölkerung hin, denn für viele Menschen waren die Urheber gravierender Umweltprobleme zugleich ihre Arbeitgeber: »Für einen guten Verdienst und einen kurzen Arbeitsweg hat man es in Kauf genommen, selbst zum verursachenden Betrieb zu gehören und selbst umweltbelastende und gesundheitsgefährdende Arbeiten auszuführen.«[152] War der DDR-Mehrheitsgesellschaft die Umwelt gleichgültig? Dass es nur wenige öffentliche Protestaktionen gab, kann, so der Historiker Hubertus Knabe, vor allem auf »das Fehlen von konkreten Handlungsmöglichkeiten und die schier unüberwindbaren Hindernisse eines autokratischen, nur auf ökonomischen Erfolg ausgerichteten Systems« zurückgeführt werden.[153]

Dennoch kam Kritik an der Umweltsituation in den letzten Jahren der DDR selbst aus Teilen der staatsnahen GNU, insbesondere aus den Gruppen, die sich mit Stadtökologie befassten:

> *»Die unmittelbare Konfrontation mit gravierenden Umweltproblemen, das urbane Rekrutierungsmilieu der stadtbezogenen Umweltgruppen in der GNU und der hohe Anteil jüngerer Mitglieder führten dazu, daß die Arbeitsgemeinschaften ›Stadtökologie‹ in der zweiten Hälfte der achtziger Jahre zunehmend den Geruch von traditionellen Naturschutzgruppen verloren, den politischen Dimensionen der Umweltproblematik mehr Aufmerksamkeit schenkten und sich konfliktträchtigen Bereichen wie Verkehrspolitik, Abfallpolitik oder Stadtplanung zuwandten«,*

schreibt Hubertus Knabe.[154] Die im April 1988 gegründete AG für Umweltschutz und Stadtgestaltung Potsdam (kurz ARGUS) übernahm hier die Führungsrolle. Die Potsdamer Umweltschützer um den Leiter der Abteilung Umwelthygiene, Matthias Platzeck, der später von 2002 bis 2009 als Ministerpräsident von Brandenburg wirkte, organisierten überregionale Treffen und Kooperationen. In Berlin-Köpenick fand seit 1987 eine jährliche Öko-Kirmes statt, die »ein bedeutendes Forum der kritischen Umweltbewegung« bot.[155] Hier präsentierten sich neben Gruppen des Kulturbunds auch kirchliche Umweltgruppen. Im Herbst 1989 formierten sich die Stadtökologie-Gruppen zur »Grünen Liga«, die am 3. Februar 1990 demonstrativ am Standort der Chemischen Werke Buna gegründet wurde. »Der ursprüngliche Wille zur ökologischen Situationsverbesserung«, so Tobias Huff, »wurde abgelöst von der

ullstein bild/ADN-Bildarchiv 00322759

400 Delegierte gründen am 9. Februar 1990 in Halle (Saale) die »Grüne Partei« der DDR.

erkannten Notwendigkeit einer Umgestaltung des politischen Rahmens.«[156]

Die Friedliche Revolution hätte wohl auch ohne die wenigen DDR-Umweltaktivisten stattgefunden. Aber die gravierende Umweltverschmutzung im Gebiet um Leipzig dürfte eine Rolle gespielt haben dafür, dass hier und nicht im deutlich weniger betroffenen Berlin die Friedliche Revolution begann. Viele derjenigen, die zu den Protagonisten der Friedlichen Revolution gehörten, hatten sich in den Jahren zuvor in Umweltgruppen engagiert, und hier bereits den aufrechten Gang geprobt. Einige Akteure von Umweltgruppen spielten dann auch eine Rolle in der Politik des wiedervereinigten Deutschland (wie Sebastian Pflugbeil, Jörn Mothes oder Matthias Platzeck), im Umweltschutz (Hans-Peter Gensichen) oder in der Aufarbeitung der Geschichte der SED-Diktatur (wie Michael Beleites und Christian Halbrock).

Das Waldsterben als Bewährungsprobe

Zu der Geschichte des Umweltbewusstseins gehört die Angst vor dem »Waldsterben« – eine, wie wir heute wissen, apokalyptische Vision, die nie Wirklichkeit wurde. Auf dem Höhepunkt der Debatte glaubten 53 Prozent der in einer Umfrage kontaktierten Bundesbürger, dass im Jahr 2000 alle Wälder abgestorben seien. Das sahen damals auch viele Wissenschaftler so. Eine vom Bonner Innenministerium in Auftrag gegeben Studie prognostizierte, dass ohne Gegenmaßnahmen im Jahr 2002 praktisch kein Wald mehr existieren würde.[157]

Das Waldsterben versetzte die Bundesbürger mindestens drei Jahre lang in Angst und Schrecken. Indes war dies in der DDR ein viel gravierendes Problem. 1981 waren in der DDR bereits 312.00 ha, also mehr als zehn Prozent des Waldbestandes, geschädigt.[158] Der extrem hohe Schadstoffausstoß trug in der Folgezeit zu einer weiteren Verschlimmerung der neuartigen Waldschäden bei.[159] 1989 war mehr als die Hälfte des Waldes der DDR geschädigt, davon 16 Prozent stark oder mittel.[160]

Zur gleichen Zeit verbreitete sich in der Bundesrepublik bereits die Einsicht, dass es sich bei dem »Waldsterben« um eine Übertreibung handelte. Theoretisch hätte das ein herber Rückschlag für die Umweltbewegung sein können. Das war jedoch nicht der Fall. Die Diskussionen um das Ökosystem Wald trugen vielmehr zur kollektiven Bewusstseinserweiterung bei, sicherten den Aufstieg der Grünen und gaben der Umweltforschung wichtige Impulse. Die Gefährdung des Waldes war ein Thema, das wesentlich mehr Deutsche beunruhigte als die Atomkraft. Das »Waldsterben« verlagerte die Sorge um die Umwelt in die Mitte der Gesellschaft. Umweltschutz wurde zu einer Art »deutscher Volksbewegung«.[161] Die Diskussionen

Süddeutsche Zeitung Photo 02479219, Jochen Eckel

Plakat der Partei »Die Grünen« in Gelsenkirchen, Mai 1984.

über das Waldsterben hatten eine »Türöffnerfunktion« für den Eingang von Umweltthemen in den Mainstream.[162] Sie schärften das Bewusstsein für die vielfältige Bedeutung des Waldes für Wasserhaushalt, Klima, Artenvielfalt und Erholung.[163]

Und sie zeigten, dass massive Umweltängste politische Konsequenzen haben konnten. In der Tat ergriff die Bundesregierung umgehend Maßnahmen für eine drastische Senkung der Schwefeldioxid-Emissionen, und trug möglicherweise dazu bei, dass die Katastrophe nicht eintrat. Aber auch in Ostdeutschland steht der Wald noch. »Gewiss kann man davon ausgehen, dass es heute auch dann noch Wald in Deutschland geben würde, wenn die Debatte über das Waldsterben nie stattgefunden hätte«, mutmaßen daher Kenneth Anders und Frank Uekötter, »aber mit ähnlicher Sicherheit lässt sich vermuten, dass der Wald [...] wesentlich schlechter dastehen würde,«[164] wenn sich die Emissionen ungebremst weiter

Süddeutsche Zeitung Photo 00092714, Waldemar Hauschild

Abgestorbene Bäume im Bayrischen Wald, August 1987.

entwickelt hätten. Es kann also sein, dass die deutschen Wälder vor allem deshalb nicht gestorben sind, weil ihr Tod medial inszeniert wurde und die Politik darauf umfassend reagierte.[165] Die taz brachte es im Jahr 2015 mit einer Schlagzeile trotzig auf den Punkt: »35 Jahre Waldsterben. Hysterie hilft«.[166]

Süddeutsche Zeitung Photo 00077927, Heike Riemer

Unbekannte Umweltschützer haben als Protest gegen das Baumsterben einen Baumstamm am Münchner Isarhochufer bemalt. Foto von 1984.

Fazit

Erst in der zweiten Hälfte des 20. Jahrhunderts etablierte sich die Erkenntnis, dass Menschen am Steuer des »Raumschiffs Erde« sitzen und deshalb verantwortlich sind für die Entwicklung ihrer natürlichen Umwelt. Natur- und Landschaftszerstörung rückten aber schon im Verlauf des 19. Jahrhunderts zunehmend ins öffentliche Bewusstsein. Bereits in der Frühphase der Industrialisierung regten sich Proteste gegen Luft- und Gewässerverschmutzung. Und selbst die im Zuge von öffentlichen Debatten unternommenen Versuche, diese Schäden zu »normalisieren« bzw. zu verharmlosen, zeugen von Problembewusstsein. Die Bewusstseinsveränderung im Verlauf des 19. Jahrhunderts trug bereits revolutionäre Züge. So erkannten die Menschen die gravierenden Auswirkungen ihrer Tätigkeit auf die natürliche Umwelt. 1873 prägte der italienische Geologe Antonio Stoppani angesichts des wachsenden Einflusses des Menschen auf die Umwelt den Begriff »anthropozoische Ära«. Zugleich wurde Natur immer weniger als bedrohlich und dafür stärker als bedroht wahrgenommen.[167] Das war die ökologische Revolution des 19. Jahrhunderts, ein Wechsel der Natur-Wahrnehmung, der in den vielfältigen Organisationen und Projekten von Lebensreform und Jugendbewegung, Natur- und Heimatschutz um 1900 gipfelte.

Franz-Josef Brüggemeier zufolge hat diese frühe Umweltbewegung vieles vorweggenommen, was im 20. und 21. Jahrhundert fortgeführt wurde:

> *»So sah sich der Natur- und Heimatschutz im Kaiserreich der Gemeinschaft verpflichtet und nicht einzelnen Interessensgruppen; er gab vor, diesen gegenüber höhere Werte zu vertreten, die zudem moralisch unangreifbar schienen;*

die Bewegung wandte sich nicht an die bestehenden Parteien, sondern suchte andere Wege. Sie lehnte die Regeln des Marktes und die Herrschaft der Industrie ab, sah Bildung und Wissen als die eigentliche Legitimation von politischer Macht an.«[168]

Gewiss sollte man die Parallelen zur Gegenwart nicht übertreiben, denn der Heimatschutzbund war keine Bürgerinitiative, sondern eine elitäre Pressure-Group, die von Lehrern, Pastoren, Architekten, Bauingenieuren, Konservatoren und Museumsangestellten getragen wurde. Ihr Projekt Naturdenkmalpflege entsprang dem Bedürfnis nach Stille, Einhalt und Besinnung in einer zunehmend als hektisch empfundenen Zeit, und war weitgehend blind für ökologische Zusammenhänge.[169]

Bemerkenswert ist, dass Umweltbewegungen in verschiedenen historischen Phasen an ganz unterschiedliche politische Konzeptionen anschlussfähig waren. Traditionell galten Naturschützer als konservativ und schon bei den Heimatschützern um 1900 fanden sich, so Jens Ivo Engels, Elemente, die einer späteren Allianz mit dem Nationalsozialismus den Weg bahnten, wie ein »antisemitischer Antikapitalismus, biologistische Gesellschaftskonzeptionen und die Vorstellung der organischen Einheit von Natur und Kultur«.[170]»Beide teilten«, in den Worten von David Blackbourn, »einen Affekt gegen Großstädte und einen ›kalten‹ Materialismus, betonten die Tugenden des ›Organischen‹ und des ›Traditionellen‹, machten einen ungezügelten liberalen Kapitalismus verantwortlich für die Bedrohung der Landschaft«.[171] Das erklärt zumindest teilweise die Kompatibilität von Heimatschutz und nationalsozialistischem Regime. Die NS-Umweltpolitik griff vor allem die Ideen des fortschrittsbejahenden Teils der Heimatschutzbewegung auf, dem es um eine Synthese von natürlichem Wachstum und menschlicher Gestaltung ging. In diesem Sinne hoffte etwa der in den Autobahnbau involvierte Landschaftsplaner Alwin Seifert, dass mit dem Heranführen der Massen via Autobahn an schöne Landschaften ein Naturerlebnis geschaffen würde, welches die Kluft zwischen Stadtmensch und Natur überwinden könnte.[172] Während Eisenbahntrassen als Fremdkörper in der Landschaft galten, sollte das »Autowandern« (so der damals geprägte Begriff) eine individuelle, selbstgesteuerte Naturerfahrung fördern.

Sichtet man die Resultate im »Dritten Reich«, dann zeigt sich, dass die vermeintliche höhere Einheit von Natur und Mensch auf Raubbau und Zerstörung hinauslief. Der Autobahnbau förderte die Zersiedelung. Bei Großprojekten setzten sich im Zweifelsfall Industrie und Technik durch. Auch beim Bau von Talsperren und Hochspannungstrassen, der durch den Reichsarbeitsdienst durchgeführten Trockenlegung riesiger Moore, der Kultivierung von Ödland und dem Bau von Kanälen hatten die Naturschützer das Nachsehen. Generell blieben die ökologischen Tendenzen der Nazis ihren machtpolitischen Zielen untergeordnet. Das nationalsozialistische Regime war nicht einmal in Ansätzen eine Öko-Diktatur. Im Gegenteil, es förderte technokratische Planungen, propagierte Begeisterung für Technik und investierte alle Ressourcen für einen mörderischen Vernichtungskrieg. Sparsamer Umgang mit Ressourcen und Nutzung einheimischer Rohstoffe folgten vor allem den Sachzwängen der Autarkie-Politik und nicht umweltpolitischen Motiven.

Im Weltkrieg zeigte sich Umweltbewusstsein allenfalls noch als grüne Verzierung oder als Tarnung. Der gesetzliche Rahmen wurde den Erfordernissen des Krieges angepasst und von Göring verfügte »Vereinfachungsmaßnahmen« setzten das Naturschutzgesetz bis 1944 schrittweise außer Kraft.[173] So blieb die zukunftsweisende NS-Umweltpolitik in vielen Bereichen eine Randerscheinung.

Ein neuer Schub für das Umweltbewusstsein in Deutschland kam dann in der Zeit um 1970 aus den USA. Das Umweltprogramm der Bundesregierung war im Kern ein US-Import, wenngleich es auch an ein gewachsenes Problembewusstsein im eigenen Land anknüpfen konnte. Bisher isolierte Tendenzen kamen zusammen und verstärkten sich. Sei es das

Regierungshandeln im Interesse von Gefahrenabwehr und Lebensqualität, die Blickerweiterung im Naturschutz, die stärkere mediale Präsenz von ökologischen Problemen – sie alle standen zunehmend im Zeichen des Konzepts »Umwelt« und läuteten, um einen Buchtitel von Joachim Radkau zu zitieren, die »Ära der Ökologie« ein. Der um 1970 zu beobachtende Wendepunkt im Umweltbewusstsein war Ausdruck der Erkenntnis, dass das Überleben der Menschheit nur unter Bewahrung des Ökosystems Erde möglich ist. Diese Erkenntnis sorgte auch in der DDR dafür, dass die SED Umweltschutz als Staatsaufgabe begriff, und sowohl Gesetze als auch Institutionen für einen sozialistischen Umweltschutz schuf.

Dass die Bewusstseinserweiterung in der Bundesrepublik in eine breite dauerhafte politische Mobilisierung mündete, war zumindest teilweise ein Ergebnis der ab 1973 erfolgten Abwendung der Bundesregierung vom Umweltschutz. Dadurch öffnete sich, so der Soziologe Karl-Werner Brand, »eine Schere zwischen der verschärften Wahrnehmung ökologischer Probleme auf der einen und der expliziten Zurücknahme der umweltpolitischen Reformprogrammatik auf der anderen Seite«.[174] In diese Lücke stießen Bürgerbewegungen, die sich für Umweltschutz einsetzten.

In der DDR setzte diese Entwicklung zeitverzögert ein. Unter den Bedingungen der Diktatur mussten Umweltschützer zurückhaltender agieren, und angesichts der Realitätsverleugnung der SED-Führung drehten sich viele Auseinandersetzungen zunächst einmal um die Offenlegung von Umweltdaten. Zugleich verschlimmerte sich die Umweltsituation in vielen Regionen der DDR in den 1980er-Jahren. Wenngleich Umweltprobleme auch in der DDR zur Mobilisierung Tausender Menschen führten, war der umweltpolitische Einfluss der Umweltschützer in der SED-Diktatur gleich Null, in starkem Kontrast zur Bundesrepublik. In den 1980er-Jahren war die Situation paradox: Während die Waldsterbensdebatte den öffentlichen Diskurs in der Bonner Republik beherrschte und eine radikale Senkung der Schwefeldioxid-Emissionen

Süddeutsche Zeitung Photo 03168185, Stefan Boness/IPOB

Kundgebung der weltweiten Protestbewegung »Fridays For Future« am 19. November 2021 in Berlin. »Fridays for Future« fordert einen radikalen Wandel der Klimapolitik, die Einhaltung des 1,5-Grad-Ziels und den Ausstieg aus der Energiegewinnung aus fossilen Brennstoffen.

bewirkte, starb der Wald vor allem in der DDR, wo es offiziell keine Umweltprobleme gab.

Interessanterweise kam es zu einer Kulmination des bundesdeutschen Umweltbewusstseins ausgerechnet zu einem Zeitpunkt, als die Umweltverschmutzung abnahm. Es waren nicht akute Notlagen, die ein Umdenken bewirkten. Die Kritik an den umweltzerstörenden Folgen der Moderne entsprang dem Gefühl, dass wichtige Aspekte der Lebensqualität bedroht waren und war Ausdruck einer, vor dem Hintergrund größeren Wohlstands, gestiegenen Bereitschaft, Umweltprobleme ernst zu nehmen.

Die dauerhafte Etablierung der Grünen im politischen Spektrum der Bundesrepublik wirft die Frage auf, wer unter welchen Bedingungen Umweltbewusstsein entwickelt und wer nicht. Die soziale Herkunft der Unterstützer der Grünen in den 1980er-Jahren ähnelte jener der Heimatschutzbewegung. Hauptträger der Ökologiebewegung der 1980er war, wie schon um 1900, das hauptsächlich evangelische (oder konfessionslose) städtische Bildungsbürgertum einschließlich der Jugend (Oberschüler und Studenten).[175] Für Brüggemeier ist daher Umweltbewusstein generell »Ausdruck einer Mittelklassenideologie und eines damit verbundenen hegemonialen Strebens«.[176] Ob das der historischen Situation immer gerecht wird, darf bezweifelt werden. Kann man zum Beispiel aus dem Umstand, dass sich um 1900 vor allem Angehörige der Mittel- und Oberschichten für die Umwelt engagierten, ein mangelndes Umweltbewusstsein der Arbeiterschaft ableiten? Schließlich gibt es auch Gegenbeispiele wie das des Vorsitzenden der sozialistischen Tischlergewerkschaft in Ludwigshafen, Ferdinand Weidemann. Nachdem er der BASF gesundheitsschädigende Arbeitsbedingungen vorgeworfen hatte, musste er im Jahr 1877 für 14 Tage in Haft.[177]

Dass betroffene Arbeiter, Bauern und Handwerker in anderen Fällen lieber gebildeten Bürgern und Adligen die Wortführerschaft überließen, lag Ulrike Gilhaus zufolge auch an der fehlenden Kenntnis über Verwaltungsabläufe und juristische Mittel und bisweilen auch an der mangelnden Beherrschung der Rechtschreibung.[178]

Die Herausbildung von Umweltbewusstsein kann als zunehmende Einsicht in die immer größeren Dimensionen der Naturveränderung und -zerstörung durch menschliches Tun angesehen werden. Die Erfahrung der Industrialisierung und Rationalisierung der Welt ließ um 1900 die Erkenntnis wachsen, dass die Natur bedroht war. Und es dauerte noch einmal viele Jahrzehnte, bis die Menschheit zu begreifen begann, dass der Erhalt der natürlichen Umwelt eine nicht verhandelbare Voraussetzung der Fortexistenz menschlichen Lebens ist.

Umweltbewusstsein hat schubweise zugenommen, aber es gab auch Rückschritte. 1935 hatte das »Reichsnaturschutzgesetz« Feldhecken unter Schutz gestellt, nach dem Zweiten Weltkrieg wurden sie in beiden Teilen Deutschlands großflächig beseitigt. Wissenschaftliche Erkenntnisse gerieten in Vergessenheit und lösten erst viel später größere Debatten aus. Der »saure Regen« und die Schäden durch Rauchgase waren bereits ab 1850 Gegenstand wissenschaftlicher Forschung. Aber sie wurden als Spezialprobleme behandelt und erst in den 1970er-Jahren interpretierten Forstwissenschaftler die Waldschäden als Gefahr für das gesamte Ökosystem »Wald«. Eine globale Umweltpolitik entstand erst, nachdem die Umweltverschmutzung erheblich schlimmer geworden war als zu Zeiten der industriellen Revolution.

Auch die Geschichte der Umweltbewegungen war keine fortwährende Entwicklung. Die beeindruckende Organisationsvielfalt sowie der Wissensstand der Umweltbewegung des späten Kaiserreiches setzten sich nach dem Ersten Weltkrieg nicht fort. Die Umweltpolitik im »Dritten Reich« war Staatspolitik. Breitere Aktivitäten in der Bevölkerung regten sich in der Bundesrepublik erst wieder seit den 1960er-Jahren. Die nun einsetzende Verwissenschaftlichung des Umweltschutzes hatte jedoch auch zur Folge, dass ökologische Probleme oft nur noch als abstrakte numerische Prozesse erscheinen. Umweltbewusstsein im 21. Jahrhundert ist oft mit Statistiken und Prozentzahlen verknüpft, weshalb Umweltforscher wie Reinhard Piechocki dafür plädieren, aus der Mode gekommene Begriffe wie »Heimat« neu zu beleben und einen »reflektierten und neuen, demokratiefähigen Umgang mit dem Thema ›Heimat‹« zu entwickeln.[179]

Heute existiert eine differenzierte Umweltbewegung, und ökologische Probleme sind vielerorts Gegenstand des Regierungshandelns. Dennoch sind zahlreiche Probleme weiterhin ungelöst, und neue kommen hinzu. »Einsichten in die Gefährdungen der natürlichen Lebensgrundlagen des Menschen durch diesen selbst« und »Bereitschaft zur Abhilfe« sind laut der häufig zitierten Definition des Rates von Sachverständigen für Umweltfragen aus dem Jahr 1978 zwei Seiten des Umweltbewusstseins, die oft auseinander klaffen. Die US-amerikanischen Psychologen Michael Maloney und Michael

Ward haben vier verschiedene Komponenten des Umweltbewusstseins unterschieden – Umweltwissen, Umwelteinstellungen (Gefühle), Handlungsbereitschaft und tatsächliches Handeln.[180]

In der Zeit um 1970 löste das neue Denken unmittelbar auch neues Handeln aus. Damit wurde eine schrittweise Entwicklung »biozentrischer Überlebensstrategien« angestoßen. Dieser Prozess kam bald zum Erliegen, wurde mit neuer Kraft aufgenommen, erlebte Erfolge und Rückschläge und ist noch lange nicht abgeschlossen. Die Menschheit steht vor gigantischen Herausforderungen, sei es die Klimakrise, die Verschmutzung der Meere, das Artensterben, die Massentierhaltung und der Herbizid-Einsatz in der Landwirtschaft, der Flächenverbrauch durch menschliche Bautätigkeit, das Fracking und andere Formen zerstörerischer Rohstoffgewinnung, die Trinkwasserkontamination, die Entsorgung von radioaktivem Müll und viele andere.[181] Die Debatten der letzten Jahrzehnte haben dazu geführt, dass wir viel über ihre Ursachen und Folgen wissen. Aber vom Umweltwissen zur praktischen Tat ist es oft ein langer Weg.

Literatur

Michael Beleites, Dicke Luft. Zwischen Ruß und Revolte. Die unabhängige Umweltbewegung in der DDR, Leipzig 2015.

David Blackbourn, Die Eroberung der Natur. Eine Geschichte der deutschen Landschaft, München 2007.

Franz-Josef Brüggemeier, Schranken der Natur. Umwelt, Gesellschaft, Experimente. 1750 bis heute, Essen 2014.

Jens Ivo Engels, Naturpolitik in der Bundesrepublik, Paderborn u. a. 2006.

Ulrike Gilhaus, »Schmerzenskinder der Industrie«. Umweltverschmutzung, Umweltpolitik und sozialer Protest im Industriezeitalter in Westfalen 1845–1914, Paderborn 1995.

Gerhard de Haan (Hg.), Umweltbewußtstein und Massenmedien. Perspektiven ökologischer Kommunikation, Berlin 1995.

Haus der Geschichte Baden Württemberg (Hg.), »Erst stirbt die Natur...«. Der Wandel des Umweltbewusstseins, Ubstadt-Weiher 2015.

Jost Hermand, Brennpunkt Ökologie. Kulturelle und gesellschaftspolitischen Interventionen, Köln 2020.

Jost Hermand, Grüne Utopien in Deutschland. Zur Geschichte des ökologischen Bewusstseins, Frankfurt a. M. 1991.

Tobias Huff, Natur und Industrie im Sozialismus. Eine Umweltgeschichte der DDR, Göttingen 2015.

Kai F. Hünemörder, Die Frühgeschichte der globalen Umweltkrise und die Formierung der deutschen Umweltpolitik (1950–1973), Stuttgart 2004.

Michael Kloepfer (Hg.), Schübe des Umweltbewußtseins und der Umweltrechtsentwicklung, Bonn 1995.

Andreas Knaut, Zurück zur Natur! Die Wurzeln der Ökologiebewegung, Greven 1993.

Ulrich Linse, Ökopax und Anarchie. Eine Geschichte der ökologischen Bewegungen in Deutschland, München 1986.

Silke Mende, »Nicht rechts, nicht links, sondern vorn«. Eine Geschichte der Gründungsgrünen, München 2011.

Christian Möller, Umwelt und Herrschaft in der DDR, Göttingen 2020.

Willi Oberkrome, »Deutsche Heimat«. Nationale Konzeption und regionale Praxis von Naturschutz, Landschaftsgestaltung und Kulturpolitik in Westfalen-Lippe und Thüringen (1900–1960), Paderborn u. a. 2004.

Joachim Radkau, Natur und Macht, München 2000.

Joachim Radkau, Die Ära der Ökologie. Eine Weltgeschichte, München 2011.

Joachim Radkau/Frank Uekötter (Hg.), Naturschutz und Nationalsozialismus, Frankfurt a. M. 2003.

Friedemann Schmoll, Erinnerung an die Natur. Die Geschichte des Naturschutzes im deutschen Kaiserreich, Frankfurt a. M. 2004.

Rolf Peter Sieferle, Fortschritte der Naturzerstörung, Frankfurt a. M. 1988.

Frank Uekötter, Jens Hohensee (Hg.), Wird Kassandra heiser? Beiträge zu einer Geschichte der »falschen Öko-Alarme«, Stuttgart 2004.

Frank Uekötter, Deutschland in Grün. Eine zwiespältige Erfolgsgeschichte, Göttingen 2015.

Endnoten

1 Vgl. Matthew M. Boulton/Joseph Heithaus, We all riders on the same planet, in: New York Times, 24.12.2018.

2 Aus einer US-Broschüre zur UN-Konferenz 1972, zit. in: Kai F. Hünemörder, Die Frühgeschichte der globalen Umweltkrise und die Formierung der deutschen Umweltpolitik (1950–1973), Stuttgart 2004, 205.

3 Max Nicholson, The Environmental Revolution, London 1970, 12, zit. in Joachim Radkau, Die Ära der Ökologie: Eine Weltgeschichte, München 2011, 134.

4 Jost Hermand, Grüne Utopien in Deutschland. Zur Geschichte des ökologischen Bewusstseins, Frankfurt a.M. 1991.

5 Hünemörder, Frühgeschichte, 126.

6 Vgl. Hans-Rudolf Bork, Umweltgeschichte Deutschlands, Berlin 2020, 126.

7 Andreas Knaut, Zurück zur Natur! Dier Wurzeln der Ökologiebewegung, Greven 1993, 356, FN 7.

8 Franz-Josef Brüggemeier, Schranken der Natur. Umwelt, Gesellschaft, Experimente. 1750 bis heute, Essen 2014, 48.

9 Franz-Josef Brüggemeier, Natur, Gesundheit, Eigentum. Zur Entwicklung des Umweltbewußtseins in Deutschland im 19. und 20. Jahrhundert, in: Michael Kloepfer (Hg.), Schübe des Umweltbewußtseins und der Umweltrechtsentwicklung, Bonn 1995, 1-17, zit. 2.

10 Brüggemeier, Natur, Gesundheit, Eigentum, 4.

11 Vgl. Friedemann Schmoll, Erinnerung an die Natur. Die Geschichte des Naturschutzes im deutschen Kaiserreich, Frankfurt a.M. 2004, 88; Brüggemeier, Natur, Gesundheit, Eigentum, 9.

12 Franz-Josef Brüggemeier/Michael Toyka-Seid (Hg.), Industrie-Natur. Lesebuch zur Geschichte der Umwelt im 19. Jahrhundert, Frankfurt a.M./New York 1993, 29–32.

13 Stefan Böschen, Risikogenese. Prozesse gesellschaftlicher Gefahrenwahrnehmung: FCKW, DDT, Dioxin und Ökologische Chemie, Opladen 2000, 253f.

14 Ulrike Gilhaus, »Schmerzenskinder der Industrie«. Umweltverschmutzung, Umweltpolitik und sozialer Protest im Industriezeitalter in Westfalen 1845–1914, Paderborn 1995, 450–525.

15 Vgl. Robert Lauterborn, Die Verunreinigung der Gewässer und die biologische Methode ihrer Untersuchung, Ludwigshafen 1908.

16 Konrad Wilhelm Jurisch, Die Verunreinigung der Gewässer, Berlin 1890, 103.

17 Curt Weigelt im Jahr 1901, zit. in: Marc Cioc, Der geopferte Rhein, in: Bundeszentrale für politische Bildung, Dossier Geschichte im Fluss, 6.8.2012.

18 Cioc, Der geopferte Rhein.

19 Vgl. Brüggemeier, Industrie-Natur, 40f.

20 Clarence J. Glacken, Zum Wandel der Vorstellungen über den menschlichen Lebensraum, in: Rolf Peter Sieferle, Fortschritte der Naturzerstörung, Frankfurt a.M. 1988, 158–190, hier 185f.

21 Frank Uekötter, Deutschland in Grün. Eine zwiespältige Erfolgsgeschichte, Göttingen 2015, 60.

22 Knaut, Zurück zur Natur, 359.

23 Ebd., 350.

24 Brüggemeier, Schranken der Natur, 147.

25 Donald Fleming, Wurzeln der New-Conservation-Bewegung, in: Sieferle, Fortschritte der Zerstörung, 216–306, hier 230.

26 August Thienemann, Josiah J. Kieffer, Schwedische Chironomiden, in: Archiv für Hydrobiologie, Supplement II (1916), 483–554, zit. 485.

27 Adam Paulsen, Die Stromschnellen bei Laufenburg und die Entstehung der Heimatschutzbewegung, in: Adam Paulsen/Anna Sandberg (Hg.), Natur und Moderne um 1900. Räume Repräsentationen Medien, Bielefeld 2013, 51–70, 56.

28 Ernst Rudorff, Über das Verhältnis des modernen Lebens zur Natur, in: Preußische Jahrbücher 45 (1880), 261–276.

29 Ulrich Linse, Ökopax und Anarchie. Eine Geschichte der ökologischen Bewegungen in Deutschland, München 1986, S. 157.

30 Paul Schultze-Naumburg, Entwicklung und Ziele des Heimatschutzes in Deutschland, Vortrag auf der gemeinsamen Tagung für Denkmalpflege und Heimatschutz in Salzburg 1911, in: Heimatschutz 7 (1911), 34.

31 Schmoll, Erinnerung an die Natur, 379.

32 Ebd., 47.

33 Jost Hermand, Brennpunkt Ökologie. Kulturelle und gesellschaftspolitischen Interventionen, Köln 2020, 120.

34 Friedemann Schmoll, Die Verteidigung organischer Ordnungen. Naturschutz und Antisemitismus zwischen Kaiserreich und Nationalsozialismus, in: Joachim Radkau/Frank Uekötter (Hg.), Naturschutz und Nationalsozialismus, Frankfurt a. M. 2003, 169–182, zit. 172.

35 Paulsen, Stromschnellen, 54.

36 Oberkrome, 45.

37 Hermand, Brennpunkt Ökologie, 107.

38 Ebd., 102.

39 Klaus Wolbert, Natur. Fluchtziel, Ursprungsquell und sensualistischer Projektionsraum, in: Kai Buchholz (Hg.), Die Lebensreform, Darmstadt 2001, Bd. 2, 185.

40 Christoph Conti, Abschied vom Bürgertum. Alternative Bewegungen in Deutschland von 1890 bis heute, Reinbek bei Hamburg 1984, 66.

41 Vgl. ebd., 82.

42 Hermand, Brennpunkt Ökologie, 126.

43 Conti, Abschied vom Bürgertum, 76.

44 Ebd., 130.

45 Joachim Radkau, Ins Freie, ins Licht! Die Lebensreformer der Jahrhundertwende suchten nach Wegen in eine alternative Zukunft. Die autoritäre Gesellschaft des Kaiserreichs war ihnen ebenso zuwider wie die kapitalistische Moderne. in: Die Zeit online: http://www.zeit.de/zeit-geschichte/2013/02/reformbewegung-alternative-moderne.

46 Ulrich Linse, »Wir sträuben uns auch ein wenig gegen fanatische Reformer«: Jugendbewegter Lebensstil oder lebensreformerische Jugenderziehung? In: Ulrich Herrmann (Hg.), »Mit uns zieht die neue Zeit…« Der Wandervogel in der deutsche Jugendbewegung, Weinheim/München 2006, 205–231, hier 232.

47 Ulrich Herrmann, Wandervogel und Jugendbewegung im geistes- und kulturgeschichtlichen Kontext vor dem Ersten Weltkrieg, in: ders. (Hg.), »Mit uns zieht die neue Zeit…« Der Wandervogel in der deutsche Jugendbewegung, Weinheim/München 2006, 30–79, zit. 64.

48 Augustin Upmann/Uwe Rennspieß, Organisationsgeschichte der deutschen Naturfreundebewegung bis 1933, in: Jochen Zimmer (Hg.), Mit uns zieht die neue Zeit. Die Naturfreunde. Zur Geschichte eines alternativen Verbandes in der Arbeiterkulturbewegung, Köln 1984, 66–111.

49 Willi Oberkrome, »Deutsche Heimat«. Nationale Konzeption und regionale Praxis von Naturschutz, Landschaftsgestaltung und Kulturpolitik in Westfalen-Lippe und Thüringen (1900–1960), Paderborn u. a. 2004, 515.

50 Vgl. Karl Liebknecht, Die Natur schützen und dem Volke näher bringen (Rede im preußischen Abgeordnetenhaus, 11.12.1912), in: ders., Gesammelte Reden und Schriften, Berlin 1963, Bd. 5, 479–485.

51 Oberkrome, »Deutsche Heimat«, 52.

52 Linse, Ökopax, 22.

53 Rolf Peter Sieferle, Fortschrittsfeinde? Opposition gegen Technik und Industrie von der Romantik bis zur Gegenwart, München 1984, 171.

54 Vgl. Knaut, Zurück zur Natur, 379.

55 Vgl. Joska Pintschovius, Heidschnucken und Donnerbesen. Lüneburger Landschaften, Wien 2001, 17.

56 Hainer Weißpflug, Lehrer, Forscher und Politiker. Der Naturschützer Hans Klose, in: Edition Luisenstadt 1998 (https://berlingeschichte.de/bms/bmstext/9807porb.htm; letzter Zugriff 12.11.2021).

57 Hans-Werner Frohn/Friedemann Schmoll (Hg.), Natur und Staat. Staatlicher Naturschutz in Deutschland 1906–2006, Bonn/Bad Godesberg 2006, 177, 213.

58 Joachim Radkau, Natur und Macht, München 2000, 298.

59 Vgl. Bernd Schütze, Juden in der Naturschutzgeschichte? Fragen eines lesenden Naturschützers, in: Joachim Wolschke Bulmahn/Uwe Schneider (Hg.), Gegen den Strom. Gert Gröning zum 60. Geburtstag, Hannover 2004, 267–293.

60 Michael Schimanski, »Im Dritten Reich darf es keine Tierquälerei mehr geben«. Die Entstehung des Reichstierschutzgesetzes von 1933, in: Deutsche Tierärztliche Wochenschrift (2009) 4, 138–147, zit. 140.

61 Rolf Korkhaus, Der Tierschutz im nationalsozialistischen Staate und Sinne, in: Deutsches Tierärzteblatt 3/22 (1936), 525–528, zit. 526.

62 Grau, Gedanken über den strafrechtlichen Tierschutz, in: Deutsche Justiz (1935), 1759f.

63 Vgl. Andreas Gautschi, Der Reichsjägermeister. Fakten und Legenden um Hermann Göring, Hanstedt 2010.

64 Dirscherl, Tier- und Naturschutz, 205.

65 Walter Schoenichen, Naturschutz im Dritten Reich, Berlin 1934, 3.

66 Thomas Zeller, Alwin Seifert und die Landschaft des Nationalsozialismus, in: in: Joachim Radkau/Frank Uekötter (Hg.), Naturschutz und Nationalsozialismus, Frankfurt a. M. 2003, 273–307, zit. 306.

67 Linse, Ökopax, 40.

68 Gudrun Barwing, Homöopathie im Nationalsozialismus, in: Naturheilpraxis 12/1996.

69 Robert Jütte, Homöopathie und Nationalsozialismus – eine historische Expertise, Schattenblick, Juni 2008.

70 Hermand, Brennpunkt Ökologie, 147.

71 Gesine Gerhard, Richard Walther Darré – Naturschützer oder »Rassenzüchter«? In: Joachim Radkau/Frank Uekötter (Hg.), Naturschutz und Nationalsozialismus, Frankfurt a. M. 2003, 257–271.

72 Vgl. Nils Franke, Bäume für Auschwitz. Die unheilvolle Allianz zwischen Naturschützern und Nationalsozialisten, in: Zeit-Geschichte, 26.2.2016, 66–71.

73 Vgl. Nils Franke, Der Westwall in der Landschaft. Aktivitäten des Naturschutzes in der Zeit des Nationalsozialismus und seine Akteure, Mainz 2015.

74 Radkau, Ära der Ökologie, 99.

75 Hermann Behrens, Hans Klose und der Nationalsozialismus, in: Gert Gröning/Joachim Wolschke-Bulmahn (Hg.), Naturschutz und Demokratie!?, München 2006, 221–249, hier 224.

76 David Blackbourn, Die Eroberung der Natur. Eine Geschichte der Deutschen Landschaft, München 2007, 352.

77 Jens Ivo Engels, »Hohe Zeit« und »dicker Strich«. Vergangenheitsdeutung und -bewahrung im westdeutschen Naturschutz nach dem Zweiten Weltkrieg, in: Joachim Radkau/Frank Uekötter (Hg.), Naturschutz und Nationalsozialismus, Frankfurt a. M./New York 2003, 362–404.

78 Jens Ivo Engels, Naturpolitik in der Bundesrepublik, Paderborn u. a. 2006, 77.

79 Christian Simon, DDT. Kulturgeschichte einer chemischen Verbindung, Basel 1999, 162.

80 Stefan Böschen, Risikogenese. Prozesse gesellschaftlicher Gefahrenwahrnehmung: FCKW, DDT, Dioxin und Ökologische Chemie, Opladen 2000, 269.

81 Donald Fleming, Wurzeln der New-Conservation-Bewegung, in: Sieferle, Fortschritte der Zerstörung, 216–306, hier 280–296.

82 Ebd., 245.

83 Radkau, Natur und Macht, 304.

84 Michael Kloepfer, Umweltrechtsentwicklungen in Deutschland nach 1945, in: Kloepfer (Hg.), Schübe des Umweltbewußtseins, 91–131, zit. 105.

85 Hünemörder, Frühgeschichte, 332.

86 Engels, Naturpolitik, 244.

87 Uekötter, Deutschland in Grün, 104.

88 Hans-Peter Vierhaus, Umweltbewußtsein von oben. Zum Verfassungsgebot demokratischer Willensbildung, Berlin 1994.

89 Engels, Naturpolitik, 12.

90 Hünemörder, Frühgeschichte, 187.

91 Vierhaus, Umweltbewußtsein, 136–138.

92 Vgl. Hünemörder, Frühgeschichte, 156.

93 Vgl. Christian Möller, Umwelt und Herrschaft in der DDR, Göttingen 2020, 198.

94 Ebd., 196.

95 Vierhaus, Umweltbewußtsein, 181f., 97.

96 Vgl. ebd., 43.

97 Vgl. Hünemörder, Frühgeschichte, 163.

98 Vgl. Vierhaus, Umweltbewußtsein, 154.

99 Hünemörder, Frühgeschichte, 191.

100 Vgl. Engels, Naturpolitik, 261.

101 Ebd., 273.

102 Kloepfer, Umweltrechtsentwicklungen in Deutschland, 109.

103 Vierhaus, Umweltbewußtsein, 168–178.

104 Die Stadt – eine große Garage? In: Frankfurter Rundschau, 25.4.1970, zit. in: Hünemörder, Frühgeschichte, 160.

105 Vgl. ebd., 307.

106 Zunächst als BNUD gegründet, änderte der Bund sein Kürzel wenig später in BUND. Ebd., 312.

107 Vgl. ebd., 316.

108 Michael Beleites, Dicke Luft: Zwischen Ruß und Revolte. Die unabhängige Umweltbewegung in der DDR, Leipzig 2015, 21.

109 Joachim Radkau, Warum wurde die Gefährdung der Natur durch den Menschen nicht rechtzeitig erkannt? In: Hermann Lübbe/Elisabeth Ströker (Hg.), Ökologische Probleme im kulturellen Wandel, 1986, 47–78, zit. 53.

110 Radkau, Ära der Ökologie, 151.

111 Joachim Radkau, Der Überraschungseffekt von Wyhl 1975, in: Haus der Geschichte Baden Württemberg (Hg.), »Erst stirbt die Natur...« Der Wandel des Umweltbewusstseins, Ubstadt-Weiher 2015, 121–147, 146.

112 Genscher, Umweltschutz und Umweltpolitik als weltweite Aufgabe, zit. in Hünemörder, Frühgeschichte, 270.

113 Zit. in: Kai F. Hünemörder, Kassandra im modernen Gewand. Die umweltapokalyptischen Mahnrufe der frühen 1970er Jahre, in: Frank Uekötter/Jens Hohensee (Hg.), Wird Kassandra heiser? Die Geschichte falscher Ökoalarme, Stuttgart 2004, 78–97, 92.

114 Engels, Naturpolitik, 223.

115 Patrick Kupper, »Weltuntergangs-Vision aus dem Computer«. Zur Geschichte der Studie »Grenzen des Wachstums« von 1972, in: Frank Uekötter, Jens Hohensee (Hg.), Wird Kassandra heiser? Beiträge zu einer Geschichte der »falschen Öko-Alarme«, Stuttgart 2004, 98–111, 107.

116 Ebd.

117 Silke Mende, »Nicht rechts, nicht links, sondern vorn«. Eine Geschichte der Gründungsgrünen, München 2011, 75.

118 Ebd., 73.

119 Hünemörder, Frühgeschichte, 335.

120 Mende, Geschichte der Gründungsgrünen, 297.

121 Uekötter, Deutschland in Grün, 180.

122 Jörg Roesler, Umweltprobleme und Umweltpolitik in der DDR, Erfurt 2006, 39.

123 Ebd., 44.

124 Möller, Umwelt und Herrschaft, 231–233.

125 Engels, Naturpolitik, 299f.

126 Vgl. ebd., 326f.

127 Mende, Geschichte der Gründungsgrünen, 55.

128 Vgl. ebd., 57.

129 Vgl. Hans Magnus Enzensberger, Zur Kritik der politischen Ökologie, in: Kursbuch 33 (1973), 1-42.

130 Vgl. Radkau, Ära der Ökologie, 225.

131 Das Horrorbild Hiroshima spielte sicher im Hintergrund eine Rolle, aber die Protagonisten wussten in der Regel sehr wohl zwischen der Bombe und einem Havariefall zu unterscheiden. Vgl. ebd., 210.

132 Radkau, Ära der Ökologie, 215.

133 Hubert Kleinert, Aufstieg und Fall der Grünen: Analyse einer alternativen Partei, Bonn 1992, 37.

134 Radkau, Überraschungseffekt, 146.

135 Die Proteste erreichten die Zusicherung, dass ein neues Sicherheitsgutachten erstellt und Protestierende straffrei bleiben würden. Das endgültige Aus für das Bauprojekt kam zwar erst 1994, aber die Proteste setzten dessen Akzeptanz entscheidend herab. Bereits im März 1977 hatte ein Gerichtsurteil die Auflage erteilt, einen »Berstschutz« zu bauen, welcher das Projekt derart verteuert hätte, dass es kaum noch lukrativ war. Vgl. ebd., 129.

136 Vgl. Kleinert, Aufstieg und Fall, 27.

137 Ebd., 30.

138 Petra Kelly, 1990, zit. in Mende, Geschichte der Gründungsgrünen, 280.

139 Herbert Gruhl, Grüne Zukunftspolitik als historische Notwendigkeit, zit. in Mende, Geschichte der Gründungsgrünen, 72.

140 Mende, Geschichte der Gründungsgrünen, 237.

141 Ebd., 335.

142 Engels, Naturpolitik, 210.

143 Tobias Huff, Natur und Industrie im Sozialismus. Eine Umweltgeschichte der DDR, Göttingen 2015, 420.

144 Vgl. Hermann Behrens (Hg.), Umweltschutz in der DDR, München 2007, Bd. 3, 138. Möller, Umwelt und Herrschaft, 305

145 Jens Gieseke, Die Stasi 1945–1990, München 2011, 181.

146 Martin Stief, »Stellt die Bürger ruhig«. Staatssicherheit und Umweltzerstörung im Chemierevier Halle-Bitterfeld, Göttingen 2019, 312.

147 Möller, Umwelt und Herrschaft, 316.

148 Michael Beleites, Die unabhängigen Umweltbewegungen in der DDR, in: Behrens (Hg.), Umweltschutz in der DDR, Bd. 3, 179–224, 211.

149 Möller, Umwelt und Herrschaft, 313.

150 Beleites, Umweltbewegungen, 194.

151 Huff, Natur und Industrie, 412.

152 Beleites, Umweltbewegungen, 183.

153 Hubertus Knabe, Umweltkonflikte im Sozialismus, Köln 1993, 261.

154 Ebd., 231.

155 Möller, Umwelt und Herrschaft, 199.

156 Huff, Natur und Industrie, 413.

157 Brüggemeier, Waldsterben, 157.

158 Huff, Natur und Industrie, 215.

159 Ebd., 255.

160 Hermann Behrens, Rückblicke auf den Umweltschutz in der DDR seit 1990, in: Institut für Umweltgeschichte und Regionalentwicklung (Hg.), Umweltschutz in der DDR, Bd. 1, München 2007, S. 1–40, hier 2.

161 Radkau, Ära der Ökologie, 238.

162 Kenneth Anders/Frank Uekötter, Viel Lärm ums stille Sterben. Die Debatte über das Waldsterben in Deutschland, in: Uekötter/Hohensee (Hg.), Wird Kassandra heiser?, 122.

163 Jens Ivo Engels, »Inkorporierung« und »Normalisierung« einer Protestbewegung am Beispiel der westdeutschen Umweltproteste in den 1980er Jahren, in: Mitteilungsblatt des Instituts für soziale Bewegungen 40 (2008), 81–100, zit. 85.

164 Anders/Uekötter, Viel Lärm, 138.

165 Radkau, Ära der Ökologie, 238.

166 Bernhard Pötter, Hysterie hilft, in: taz, 30.3.2015.

167 Radkau, Ära der Ökologie, 63.

168 Brüggemeier, Natur, Gesundheit, Eigentum, 15f.

169 Oberkrome, »Deutsche Heimat«, 49f.

170 Engels, Naturpolitik, 42.

171 Blackbourn, Eroberung der Natur, 342.

172 Reinhard Falter, Alwin Seifert, in: Forschungsstelle Kulturimpuls, Biographien Dokumentation (http://biographien.kulturimpuls.org/detail.php?&id=936).

173 Dirscherl, Tier- und Naturschutz, 174.

174 Karl-Werner Brand, Der ökologische Diskurs, in: Gerhard de Haan (Hg.), Umweltbewußtstein und Massenmedien. Perspektiven ökologischer Kommunikation, Berlin 1995, 47–62, zit. 53.

175 Ulrich Linse, Ökopax und Anarchie. Eine Geschichte der ökologischen Bewegungen in Deutschland, München 1986, 159.

176 Brüggemeier, Natur, Gesundheit, Eigentum, 16.

177 Vgl. Arne Andersen, »Roth, blau und grün angestrichene, Schrecken erregende Gestalten«. Farbstoffindustrie und arbeitsbedingte Erkrankungen, in: ders./Gerd Spelsberg (Hg.), Das blaue Wunder. Zur Geschichte der synthetischen Farben, Köln 1990, 162–192, hier 162.

178 Vgl. Gilhaus, Schmerzenskinder.

179 Bundesamt für Naturschutz/Reinhard Piechocki/Norbert Wiersbinski, Heimat und Naturschutz. Die Vilmer Thesen und ihre Kritiker, Münster 2007.

180 M.P. Maloney/M. Ward, Ecology: Let's hear from the people, in: American Psychologist 28 (1973), 583–586.

181 Hermand, Brennpunkt Ökologie, 195.